なぜ、無実の人が罪を認め、犯罪者が罰を免れるのか

壊れたアメリカの法制度

Why the Innocent Plead Guilty and the Guilty Go Free:
And Other Paradoxes of Our Broken Legal System

ジェド・S・レイコフ

川崎友巳　佐藤由梨　堀田周吾　宮木康博　安井哲章 訳

中央公論新社

Why the Innocent Plead Guilty and the Guilty Go Free:
And Other Paradoxes of Our Broken Legal System
Farrar, Straus and Giroux, 2021

ロバート・B・シルヴァースの
思い出に

目次

翻訳分担

川崎　友巳（同志社大学法学部教授）　序文　第7章　第8章　コーダ　謝辞
宮木　康博（名古屋大学法学部教授）　第1章　第2章　第13章（前半）
安井　哲章（中央大学法学部教授）　第3章　第4章　第11章
佐藤　由梨（同志社大学法学部准教授）　第5章　第6章　第13章（後半）
堀田　周吾（東京都立大学法学部教授）　第9章　第10章　第12章

凡　例

強調のイタリック体の部分は、カギ括弧あるいは傍点を付した。
〔　〕は訳者による補足である。

なぜ、無実の人が罪を認め、犯罪者が罰を免れるのか

序　文
INTRODUCTION

正義感は、人間の忍耐力の中核をなす。私たちがどれだけ悪事に苦しめられたり、不幸に忍耐を強いられたりしたとしても、最後は正義が勝つという信念が、私たちの原動力の一部となる。アメリカほど、この信念が深く感じられる国はない。私たちは、何十年にもわたって、貧困、人種差別、性差別、同性愛ヘイト、及びその他の多くの課題に対処するにあたり、たどたどしく、不十分ではあるものの、進歩を遂げてきたのだから。

しかし、現在、私たちの司法制度は、十分に取り組めていない複数の課題に直面している。おそらく、司法制度に対する私たちの信仰が、その欠点や矛盾に対する私たちの目を曇らせているからであろう。他のどの国よりも多くの人たちを刑務所送りにしている制度をどうすれば誇りに思えるのか。多くの場合、疑わしい法科学と不安定な目撃証言に基づいて、頻繁に罪のない人々に対して有罪を言い渡し、時には彼らが犯してもいない罪について有罪答弁を強いることすらある制度に、どうすれば自信をもてるのか。死刑の宣告を受けた人々の中の有意な数のものが、後に無実であったと証明されることを十分に知っていて、どうすれば死刑を科す制度を受け入れられるのか。陪審裁判がほとんど排除された刑事司法制度を作り上げておきながら、どうすれば憲法を遵守しているふりをできるのか。比較的軽微な犯罪で何千人もの貧しい黒人男性を刑務所送りにし、しかし、はるかに大きな影響を与える罪を犯した裕福で白人で高い地位にある重役をほとんど起訴しないのに、どうすれば司法は平等であると主張できるのか。

終わりのない「テロとの戦い」という便利な言い訳を使って、憲法によって保障されている権利を狭めることを、どうすれば正当化できるのか。連邦議会と合衆国最高裁判所が制限を加え、人身保護令状（habeas corpus）の救済に対する神聖な憲法上の権利がほぼ絶滅の危機に瀕しているのを、どうすれば受け入れられるのか。大統領の不行跡との闘いにおけるこれまで以上に限定された自らの役割についての最高裁判所の見解を、どうすれば称賛できるのか。

最後に、アメリカ人の大多数がまったく法廷に行く余裕がなく、彼らがその恩恵に浴することを望んだ時でさえ、しばしば法廷から締め出されるのに、私たちはどのように私たちの民事司法制度を不正の救済策として宣伝できるのか。これらの、そして、そのほかの重要な点において、私たちの司法制度は、その使命を果たせていない。

私たちの現在の司法制度が偽善的な主張、難題、パラドックス及び欠点につきまとわれているというのは、簡単にたどり着いた認識ではない。連邦検事、そして刑事弁護士を務めた後、四半世紀前に、最初に連邦判事になった時、私は、まだ制度が想定通りにほぼ正義をもたらしており、その実現のためには、あちこちで微調整の必要があるだけだと考えていた。しかし、その後の自身と裁判所の同僚らの経験が、私たちの司法制度に深刻な欠陥があることを次々と白日の下にさらしたことで、やがて私は、これらの欠陥について声をあげることが自らの責務だと考えるようになった。私は、何よりもまず、目の前に現れた実際の事案でこれを行おうとした。しかし、そうした取組みを重ねる中で、それらの事案の中に、反復的なパターンが現れた。そして、そのことが、私に、これらの欠点も同様に一般の人々の衆目に晒す義務があると確信させた。

六年ほど前に、私は、（その編集者に大きな借りがある）『ニューヨーク・レビュー・オブ・ブックス』[*1]誌に、これらの問題に注意を喚起する論説を書き始めた。本書（二〇二〇年の夏に完成）は、これらの論説のテーマをさらに発展させ、全米科学アカデミーのいくつかの委員会、マッカーサー財団、及び法科学に関する全米委員会で行った作業から明らかになった私たちの法制度のさらなる限界についても取り上げている。最後に、本書は、これらの問題に対処する方法に関するいくつかの具体的な示唆を提供している。さらに、真の改革は、私たちの司法制度が壊れており、修理の必要があるという市井の人々の認識が高まることによってもたらされなければならないことも主張している。

＊1　一九六三年の創刊以来、アメリカ合衆国で、最も影響力を持つ書評誌の一つであり、新刊の書評に加えて、広く政治や社会問題に関するエッセイも掲載し、オピニオン誌としても認知されている。

第1章
大量収容の弊害
THE SCOURGE OF MASS INCARCERATION

あまりにも長い間、あまりに多くの裁判官が、その一部に加担している悪事について口を閉ざしてきた。アメリカにおける大量収容である。今こそ声を上げる時なのだ。

基本的な事実関係に異論はない。二〇一九年現在、アメリカの拘置所（jail）[*2]と刑務所（prison）[*3]には二二〇万人以上が収容されており、過去四〇年間で五〇〇パーセントも増加している。アメリカの人口は世界人口の約五パーセントに当たるが、世界の刑務所人口の二五パーセント近くを収容している。収容率は、二位のエルサルバドルや三位のトルクメニスタンの約一・五倍、隣国カナダの六倍以上である。このほかに四七五万人のアメリカ人が、保護観察や仮釈放によって州の監督下に置かれている。

拘禁刑の増加の多くは、薬物所持から窃盗まで、非暴力犯罪に対するものである。アメリカでは一九九〇年代初頭からほとんどの年で犯罪率が低下しているにもかかわらず、被収容者数は二〇〇万人を超える水準で増減しながら推移している。かつて別の刑罰を科されていた犯罪で刑務所に送られる人が増えたこともあるが、刑期が長くなったことも一因である。例えば、過去二〇年間に凶悪犯罪の件数は大幅に減少したにもかかわらず、終身刑に服する受刑者の数は着実に増加しており、現在では刑務所の九人に一人に及んでいる。さらに、現在収容されている二二〇万人のうち、少なくとも五〇万人は有罪判決を受けたわけではなく、保釈金が払えなかったために収容されているだけである。

では、私たちは一体誰を閉じ込めているのか？　ほとんどが有色人種の若者だ。アメリカの被収容者二二〇万人のうち、ほぼ四〇パーセントにあたる八四万人以上がアフリカ系アメリカ人男性である。別の言い方をすれば、二〇歳から三四歳までのアフリカ系アメリカ人男性の約九人に一人が現在刑務所におり、少なくとも同数が保護観察を受けている。現在の割合が維持されれば、黒人男性の三分の一が生涯のどこかで服役することになる。また、二二〇万人のうち、二〇パーセントにあたる約四四万人がヒスパニック系の若者だ。

このほか、約八〇万人の白人とアジア系男性や一〇万人以上の女性（そのほとんどが非暴力犯罪を犯した者）も含まれているこの大量収容は、一九七〇年代から、犯罪率全般の引き下げと特に薬物取引の抑止という二つの目的で制定された法律の産物である。これらの法律は、多くの初犯者に必要的な最短収容刑期（mandatory minimum terms of imprisonment）を科し、最終的に不起訴となった軽微な罪で逮捕された多くの人の保釈を拒んだ。また、量刑ガイドラインを提唱し、ほとんどの犯罪者とは言わないまでも、多くの犯罪者に対して当初は非常に重い刑を科すことを強制し、現在でも推奨している。さらに、再犯者の多くに終身刑を科すことを求めた。そして、裁判官の量刑に関する裁量を実質的に奪い、以前なら執行猶予や起訴猶予を受け、あるいは刑務所ではなく薬物治療やメ

＊2 「拘置所」との訳語を当てているが、日本には、「jail」そのものに該当する施設はない。日本の拘置所が、未決拘禁者と死刑囚を収容する施設であるのに対し、「jail」は、逮捕・勾留といった未決拘禁者及び軽微な罪で服役する者を収容する施設である。

＊3 「刑務所」との訳語を当てているが、「prison」は、重大犯罪で服役する者を収容する施設である。

ンタルヘルスプログラムに付されたであろう多くの犯罪者に対して、事実上拘禁刑を確実にした。
ここで避けられない疑問は、これらの法律が犯罪を減らすことに成功しているかということだ。確かに犯罪率は、一九七〇年代や一九八〇年代の非常に高い水準から大幅に下がっている。犯罪率は一九九一年にピークに達して以来、ほぼ半減しており、コロナ禍のストレスに伴って一部の都市で発生した銃乱射事件の異常な急増を考慮に入れても、一般的な犯罪率は過去何十年も見られなかった低い水準に至っている。そのため、犯罪を行う可能性の高い人を長期間収容することで、再犯を防ぐと同時に、そもそも他の人たちが犯罪を行うことを抑止しているという、単純ではあるが力強い主張が可能となるのである。

しかし、これは本当だろうか？ 正直なところ、それは分からない。現状を変えることを難しくしているのは、この不確実性だ。すなわち、機能していないと判明しているわけではないのに、なぜ機能しているように見えるものに手を加える必要があるのかという議論である。

収容率の増加が犯罪減少の主な原因かどうかを知っていると主張する者もいる。社会学者、経済学者、統計学者など、「科学的に」答えを導き出したと主張する者たちである。しかし、彼らの答えはあちこちに散らばっている。例えば、社会学者トーマス・アーヴァニテスと経済学者ロバート・デフィーナによる二〇〇二年の研究では、一九九〇年代の財産犯の大幅な減少のうち二一パーセントは収容の増加によるものであったが、暴力犯罪の大幅な減少には何の影響も及ぼさなかったと主張している。しかし、その三年後の二〇〇五年、『ヤバい経済学（*Freakonomics*）』〔スティーヴン・

D・レヴィット、スティーヴン・J・ダブナー著、増補改訂版、望月衛訳、東洋経済新報社、二〇〇七年」で有名な経済学者スティーヴン・レヴィットは、この期間の犯罪減少の三二パーセント以上が収容を主な原因としていると主張した。

ところが、二〇〇六年にレヴィットの分析結果は疑問視された。社会学者のブルース・ウェスタンがデータを再検討し、一九九〇年代の犯罪減少のうち、収容の増加に起因するものは一〇パーセント程度に過ぎないと主張したのである。しかし、その二年後の二〇〇八年、犯罪学者のエリック・バウマーは、同じデータを分析し、一九九〇年代の犯罪減少の一〇パーセントから三五パーセントが収容の増加を主な原因としているという主張を裏付けることができるとした。

これらの例が示しているように、収容の増加による犯罪減少の割合について、学問的なコンセンサスに近いものはない。二〇一四年、全米科学アカデミー（National Academy of Sciences）の権威ある委員会は、先ほど言及した研究だけでなく、より多くの研究を検討した結果、ほとんどの研究が「収容率の増加が犯罪を減少させたという結論を支持しているが、……犯罪減少の規模は依然としてきわめて不確実である」と結論づけるにとどまった。

その困難さを説明するために、ニューヨーク大学ロースクールのブレナン司法センターが二〇一五年二月に発表した「犯罪減少の原因は何か？（What Caused the Crime Decline?）」という研究に注目してみよう。そこでは、収容の増加が犯罪のごくわずかな減少にしか寄与していないことを示していると主張されている。その研究範囲の広さには感心せざるを得ない。この研究では、過去数十年間における犯罪の減少について最も有力な一四の理論を挙げ、入手可能なデータと照らし合わせて、それぞれの理論を検証している。

まず、そのうちの五つの理論は、刑事政策に関係している。すなわち、収容の増加、警察官と検察官の増加、警察が対犯罪戦略を考案する際の統計使用の増加、死刑の脅威、そして銃の携帯権法(right-to-carry gun laws)の制定(潜在的な被害者が武装している可能性があるため、凶悪犯罪を理論的には抑止する)である。次の四つの理論は経済学に関係するもので、失業率、所得、インフレ率、消費者心理における変化である。最後の五つの理論は環境的・社会的要因に関わるもので、高齢化社会、飲酒量の減少、コカイン使用の減少、妊娠中絶の合法化、ガソリン中の鉛の減少(理論的には、鉛の煙が攻撃的な行動を引き起こすとされる傾向を軽減する)である。

ブレナン司法センターの主な調査結果は、「過去二四年間における暴力犯罪の減少に、収容の増加はほとんど影響していない」、「(収容の増加が)今世紀に入ってからの財産犯の減少の原因となった割合は、一パーセントにも満たない」というものである。これらの印象的な調査結果は、(上で引用した先行研究のほとんどがそうであったように)社会科学者のお気に入りの方法である「犯罪に対する各変数の影響と、他の変数に対する各変数の影響をコントロールする」重回帰分析に依拠している。しかし、回帰分析に詳しい者なら誰もが知っているように、回帰分析は因果関係を語ることはほとんどない。相関関係を示すにしても、その分析には多くの推測が含まれる。調査ではその点を認めながらも、不確実性の程度を軽減しようとして次のように述べている。「どのような実証的分析にも、不確実性と統計的誤差はつきものである」。しかし、犯罪件数の減少のように、アルコール消費量の減少から消費マインドの向上まで、あらゆる要因がどれだけ寄与しているのかを測定することが難しい問題を扱う場合、その見積もりは推測に過ぎないこともある。

この困難さに対応するため、ブレナン司法センターの研究では、各要因に起因する犯罪減少の割合を一定の範囲として示している。例えば、一九九〇年から二〇一三年にかけての犯罪減少のうち、警察官数の増加が占める割合は〇〜五パーセントであるとする。しかし、それぞれの範囲の下限をとると、この研究で分析された一四の要因は、合計してもこの間の犯罪減少のわずか一〇パーセントの原因にしかなっていないことになる。それぞれの上限をとったとしても、犯罪減少の要因の四〇パーセントを占めるに過ぎない。したがって、どのような分析に基づいたとしても、過去二五年ほどの犯罪の減少は、主要な理論家の誰にも特定できていない力の産物であるか、あるいは（可能性が高いと思われるのは）ブレナン司法センターの研究で使用された回帰分析が、この種の状況ではあまりに不完全なツールであるかのどちらかである。

私は、ブレナン司法センターの研究を批判しているのではない。これは、多くの点で現在までに行われたこの種の研究の中で、最も野心的で包括的なものである。しかし、全米科学アカデミーの報告書が、前述のようにさまざまな結果をもたらした多くの類似研究を論じる中で指摘しているように、統計の体裁をとった憶測に過ぎない回帰分析に頼るには、あまりにも多くの変数、不確実性、推定値、課題が絡んでいる。犯罪を減少させる上で収容の増加が果たす相対的な役割について、ある程度の信頼性や正確性をもって知ることはできないのだ。

別の言い方をすれば、大量収容の前提となっている仮説、すなわち犯罪を大幅に減らすという仮説は、せいぜい勘に過ぎない。しかし、この直感に基づいて行動する代償は甚大である。これは文字通りの意味で正しい。拘置所や刑務所の運営には年間一八〇〇億ドル以上の費用がかかるのである。それは社会的な意味でも同様である。そのほとんどが有色人種である多くの若者を収容することで、私たちは、その多くが将来の犯罪をよりうまく行うためにどうすればよいかを刑務所で学んだり、権利を剝奪され、雇用されない前科者の集団を将来的に生み出したりする一方で、何世代にもわたって子どもたちに害を及ぼす形で、家族や地域社会の生活を蝕むことに加担しているのである。それは象徴的な意味においてさえ正しい。遅かれ早かれ、アフリカ系アメリカ人男性の三人に一人を収容することで、私たちの社会は人種格差に対して、武力に勝る解決策はないというメッセージを送ることになるのだ。

では、なぜ大量収容が存在するのか？　何よりも、一九六〇年から一九九〇年までの三〇年間に犯罪率が大幅に上昇したことに対応して成立した法律が、依然として政治的に人気があるからだ。これらの法律の具体的内容は多岐にわたるが、二つの共通した特徴があった。より重い刑罰を科し、量刑における司法の裁量の多くを取り払ったのである。

これらの法律の中で最も悪質なものは、必要的な最短収容刑期を科す法律である。一九七〇年以前にもこのような法律はいくつかあったが、それ以降、議会は非常に多様な犯罪に対して比較的厳しい拘禁刑の刑期の下限を規定する法律を数多く可決した。最も注目すべきは、これらの法律が、さまざまな薬物犯罪に対して五年、一〇年、二〇年の必要的な最短収容刑期を科し、薬物密売中の銃の所持に対してはさらに二五年の追加年数を科していたことである。しかし、これらの法律は、児童ポルノの所持、個人情報の常習累犯窃盗、商業的利益を目的とした密入国の斡旋、人質誘拐、対空ミサイルの不法所持、米軍兵への暴行、接近禁止命令に違反したストーカー行為、フードスタンプ[*4]利用機器の不正使用など、多種多様な犯罪に対しても、必要的な最短収容刑期を科した。これらすべての法律に共通するのは、犯罪への関与がいかに軽微だったとしても、またどのような軽減事由があったとしても、裁判官は多くの場合、相当な年数にわたって犯罪者を刑務所に送る必要があるということだ。したがって、例えば、数百ドルの見返りに少量の薬物を一人か二人の顧客に届けた運び屋であっても、その運び屋が大量の薬物を集団で流通させる緩くつながった組織の一員であった場合には、五年、一〇年、あるいはそれ以上の必要的な最低収容刑期に直面する可能性があるのである。

一九七〇年代から一九八〇年代にかけて、州刑務所への資金を大幅に増やした連邦政府の全面的支援を受けて、五〇州の多くが同様の必要的な最短収容刑期に関する法律を制定したほか、さらに一歩進んで、再犯者に対して必要的終身刑を科した州もあった（カリフォルニア州の「三振（three

＊4　一九六〇年代に政府が低所得者の生活支援のために制度化した食料品の配給システム。

strikes)」法[*5]がその顕著な例である)。連邦議会も負けじと「三振」法に似た「常習犯罪者(career offender)」法を成立させただけでなく、一九八四年には連邦量刑ガイドラインを超党派の支持を得て制定した。これらのガイドラインは、当初は量刑格差を最小化するためのものであったが、議会が繰り返し合衆国量刑委員会にガイドラインの水準を引き上げるよう指示したことが主な理由で、瞬く間に事実上すべての連邦犯罪の量刑を大幅に引き上げる手段と化した。

さらに、これらのガイドラインは、最初の二一年間は強制的で拘束力があった。二〇〇五年に最高裁は裁量の余地がない限りは違憲であると宣言したが、連邦判事は依然として、これらを量刑判断の出発点とすることを義務付けられており、その結果、ほとんどのケースでガイドラインが守られ続けている。加えて、一般的には、州判事も連邦判事も、当たり前のように実刑判決を下すことに慣れた。そして時代の流れとともに、より寛大なアプローチを経験したことのある裁判官は少なくなっていったのである。

では、この四半世紀の間に犯罪が大幅に減少しているにもかかわらず、なぜこのような厳しい規範を作り出した強権的な法律のほとんどが廃止されなかったのか。少なくとも緩和されなかったのか。ミシェル・アレグザンダーは、その影響力のある二〇一〇年の著書『新ジム・クロー法(*The New Jim Crow*)』の中で、これは人種差別が薄く隠されている例だと主張している。また、大量収容を続けることに経済的利害を持つ強力な民間刑務所産業の台頭の結果だと主張する経済決定論者もいる。また、一九六〇年代の「行き過ぎ」に対する継続的反応から、「薬物戦争(war on drugs)」の終わりの見えない性質、さらには、より多くの人たちを刑務所に送ることで治安を確保するのが自分たちの役割だと考える警察官や検察官の数の激増まで、あらゆることを非難する者もいる。

これらの説にはそれぞれ一理あるかもしれない。しかし、より単純な説明は、一九七〇年代と一九八〇年代の犯罪多発の環境が、厳しい量刑法が施行されて初めて今日のはるかに安全な環境に取って代わられたことに気付いたほとんどのアメリカ人が、自分たちをより安全にしたと信じている法律に手を加えることに消極的であるということだ。彼らは、この信念に疑問を呈する学術的な研究には感銘を受けず、そういう研究者たちには個人的な恨みがあるのではないかと疑っている。犯罪のない環境を望むことに人種差別的なものを感じないため、彼らの誠意を疑う人たちに反発する。皮肉なことに、大量収容が安全への解決策ではないことを納得させるのは、収容率が減少しても犯罪率が減少し続ける場合だけかもしれない。しかし、このような現象はいくつかの地域では実際に

＊5　三振法の内容は州によって異なる。カリフォルニア州の三振法は、再犯者の犯罪率を減少させ、治安を改善することを目的に制定された。当初は、「重大」または「暴力的」な「重罪」（〔郡刑務所ではなく〕州刑務所に収監されて処罰される犯罪）の前科が二つある場合、三つめの「重罪」を犯すとスリーストライクとなり、二五年の拘禁刑から終身刑に処せられるものであった。しかし、三つめの「重罪」が非暴力的な窃盗や薬物犯罪の場合であっても適用対象とされたことに対して、残虐な刑罰にあたるといった憲法上の問題等が指摘され、二〇一二年の改正により、現在では、三つめの有罪判決も「重大」または「暴力的」な「重罪」の場合に限定されている。

起こっているが、ほとんどの地域の人たちはそのような実験的な試みに乗り気でなく、時折起こる犯罪の新たな急増が硬直性を強めている。

これは、一般の人たちが自分たちの信じる常識に頼り、その動機に疑問を持ち、自分たちの知性に異議を唱える人たちに憤慨する典型的なケースだ。このような状況で求められるのは、リーダーシップである。世間から尊敬される人たちは、必要的な最短収容刑期や強権的なガイドラインなどを定める法律が、犯罪を抑制する解決策にならない理由や、いずれにせよ、大量収容の長期的な代償が、経済面だけでなく、無駄になった人生や荒廃した家族、人種的偏見といった面でも、支払うには高すぎることを指摘すべきだ。

つい最近まで、犯罪に甘いというレッテルを貼られることは政治的にリスクであったため、立法府でも行政府でもそのようなリーダーシップは欠けているように見えた。しかしながら、二〇一八年後半、非暴力的な薬物犯罪に対する必要的な最短収容刑期を遡及的に短縮するという、適切に名づけられたファースト・ステップ法（First Step Act）を連邦議会が可決し、大統領が署名した。その結果、私の管轄下の裁判所やそれ以外でも、三〇年以上必要的に収容されていた非暴力犯罪者の刑期が大幅に短縮されている。しかし、その名が示すように、これは大量収容を減らすための第一歩に過ぎず、実際には収容総数をほんの少ししか減らしていない。連邦の必要的な最短収容刑期の完全撤廃には着手できておらず、大量収容の大半を占める州裁判所の状況にも対処していない。被疑者を最も重い犯罪で起訴することによって、服役の可能性を大幅に高めている州検察官と連邦検察官に共通する傾向への対処も何もしていない。そして最も根本的なことは、社会的不祥事に対しては拘禁刑が「当然」かつ最良の対応であるという、現在では根付いている思い込みを払拭するものではないということだ。

では、司法の立場はどうだろうか？　ある意味では、歴史的に量刑は裁判官の専権事項であったというだけでなく、私たち裁判官の多くが不当で逆効果だと感じる量刑を下さざるを得ないのであるから、これは裁判官の問題であるべきだ。選挙で選ばれる三七州の裁判官に「犯罪に甘い」と評されるような立場を求めるのは無理があるだろう。しかし、終身在職権によって政治的報復から守られ、ほとんどの世論調査によれば国民から一般的に高く評価されている連邦司法はどうだろうか？

連邦司法は、必要的な最短収容刑期に関する法の問題については一貫して反対の立場をとっており、そのメッセージは明確である。連邦判事の統括組織である合衆国司法会議（Judicial Conference of the United States）が二〇一三年九月に議会に提出した書簡にはこのようにある。「六〇年間、合衆国司法会議は一貫して強力に必要的な最短収容刑期に反対し続けており、その廃止や影響緩和のための措置を支持してきた」。しかし、それに続くシングル・スペースで〔狭い行間で〕書かれた九頁のどこにも、大量収容の弊害についての言及はない。実際、連邦判事の大半は、刑務所贔屓の連邦量刑ガイドラインを支持し続けている。このガイドラインは、もはや強制的なものではないが、依然として連邦の量刑のほとんどを決定する根拠となっている。連邦議会は、量刑委員会が勧告するガイドラインの引き下げを承認することもあるが、ガイドラインに反映される刑期を増やすよう量刑委員会に要求することの方がはるかに多く、大量収容をさらに後押ししている。

しかし、司法の中にもささやかな希望はある。ウィスコンシン州のリン・アデルマン、アイオワ州のマーク・ベネット、コロンビア特別区のポール・フリードマン、マサチューセッツ州のマイケル・ポンソーなどの数人の勇敢な連邦地裁判事ならびに元連邦判事のポール・カッセルとナンシー・ガートナーは、以前から大量収容政策を公然と非難してきた。さらに最近、ニューヨークのジェラード・リンチ連邦控訴裁判事は次のように述べた。「アメリカには、過剰な刑罰を科し、貧困層やマイノリティに不均衡な影響を与え、莫大な費用がかかり、凶悪な犯罪の減少にはほとんど無関係な、大きく膨れ上がった収容制度がある」。

多くの点で、アメリカ国民は過去半世紀にわたる、人種平等を推進する上での進歩を誇りに思うことができるだろう。よりためらいつつではあるが、貧しい人や不利な立場に置かれている人への対応も少しずつ進歩している。しかし、この二つの改善の大きな、そして際立った例外は、犯罪を行った人への対応である。基本的に、私たちは彼らを塵のように扱っている。この処遇は立法府によって義務付けられているが、それを実行するのは私たち裁判官である。裁判官がこの非人道的な行為に対してもっと声を上げる努力をしない限り、私たちはどうやって自らを司法の担い手と呼べるというのだろうか？

第2章
なぜ無実の人が罪を認めるのか
WHY INNOCENT PEOPLE PLEAD GUILTY

今日のアメリカの刑事司法制度は、建国の父たちが考えていたこと、メディアが描く姿、あるいは平均的なアメリカ人が信じているものとの関連をほとんどとどめていない。

建国の父たちにとって、この制度における重要な要素は陪審裁判であった。陪審裁判は、真実を追求するメカニズムとして、また公正さを実現する手段としてだけでなく、専制政治に対する盾としても機能していた。トマス・ジェファソンの有名な言葉に、「私は、（陪審員による裁判は）政府を憲法の原則に従わせることができる、人間がこれまでに想像したことのある唯一の碇であると考えている」というものがある。

合衆国憲法修正第六条は、「すべての刑事訴追において、被告人は、公平な陪審員による迅速かつ公開の裁判を受ける権利を享受する」ことを保障している。憲法はさらに、裁判において被告人が弁護人の援助を受けることを保障している。弁護人は訴追者と対峙し、反対尋問を行い、被告人のために証拠を提出することができる。被告人は、同輩の公平な陪審員が全員一致で、合理的な疑いを超えて有罪であるという見解を示し、評決で公にそのように述べた場合にのみ有罪判決を受ける。

こうした保障に内在するドラマは、映画やテレビ番組では定期的に、裁判官や陪審員の面前の、公開の場で繰り広げられる戦いとして描かれる。しかし、これはすべて幻想だ。実際のところ、アメリカの刑事司法制度は、ほぼ全面的に、密室で交渉され、司法の監督もない司法取引のシステムである。結果は検察官の判断に大きく左右される。

二〇一八年には、連邦刑事事件の起訴のうち八パーセントが斥けられたが（事実または法律の誤りのため、あるいは被告人が協力することにしたため）、残りのうち九七パーセント以上は司法取引で解決され、裁判になったのは三パーセント未満であった。この数字は過去二〇年以上一貫している。つまり、司法取引によって量刑が大きく左右されるのである。

同様に、五〇州を合算した完全な統計は入手できないが、ほとんどの州で、起訴が斥けられなかった重罪事件の少なくとも九五パーセントの解決に司法取引が寄与している。そしてまた、司法取引は通常、法律の問題として（量刑が必要的であるため）、あるいは慣行の問題として（裁判官は当事者が共同で定めた量刑ガイドラインの範囲などに従う傾向があるため）、量刑を決定する。さらに、州でも連邦でも、司法取引の条件を決定する権限は、実際問題として検察官に大きく委ねられており、弁護人はほとんど交渉権を持たない。

昔からそうだったわけではない。南北戦争の終わり頃までは、司法取引はきわめて稀であった。被告人は裁判を受けるか、あるいは単に自白して罪を認めるかのどちらかであった。被告人が有罪判決を受けた場合、裁判官は量刑を決定する際に幅広い裁量権を持つことになる。そしてその決定は、当事者からの意見をほとんど聞かずに下され、きわめて控えめな控訴審の審査しか受けなかった。

こうした状況は、南北戦争後、主に、戦後の混乱と分裂の結果のほか、移民の大幅な増加に伴う（経済的、その他の）ストレスによって変わり始め、犯罪率は大幅に上昇し、刑事司法制度に無理な負担を強いることなく事件を処理する方法を見つけなければならなくなった。司法取引はその逃げ道を提供した。より重い犯罪の訴追を取りやめる代わりに、より軽い罪状を認めることで、被告人は刑期を短縮することができる一方、検察は、裁判を増やすことなく事件を解決することができるからである。

司法取引の慣行は、他のほとんどの国で定着することはなかった。司法取引は、有罪の被告人が全面的な法の適用を免れることを可能にする悪魔の契約のようなものと見なされていたからだ。しかし、アメリカではそれが当たり前のことになった。そして、合衆国最高裁判所は当初、司法取引制度に難色を示していたが、最終的には、独立した代理人（検察官と弁護人）間の契約交渉の実践であり、司法制度を機能させるために役立っているとして、これを認めるようになった。

司法取引は最終的に、第二次世界大戦直後の数年間で、棄却されなかった刑事事件（州及び連邦）の八〇パーセント以上を占めるようになった。しかし、それでも裁判になる案件は十分にあり、システムを正当に保つだけの力が弁護人に残っていたのだろう。つまり、真に無実の被告人は、何らかの形で有罪になったとしても、それによって検察官が事実上指示したきわめて長い拘禁刑による服役を恐れることなく、裁判を受ける道を選ぶことができたというわけだ。検察官は、相当数の事件が裁判にかけられる可能性を考慮しなければならず、公開裁判が行われた場合に陪審員や裁判官、あるいは地域社会全体から見て有害であったり、恥ずべきであったりする行為に及ばないように注意しなければならなかったのである。

一九七〇年代から一九八〇年代にかけて、大量収容（第1章参照）と同様、犯罪率の上昇を受けて状況は一変した。一九五〇年代はアメリカの犯罪率が比較的低い時期であったが、一九六〇年代には犯罪率が大幅に上昇し始め、一九八〇年頃までには、その多くを占める薬物絡みの深刻な犯罪が、過去数十年間見られなかった頻度で発生するようになっていた。その結果、州議会と連邦議会は犯罪に対する刑罰を大幅に強化した。例えば、ニューヨーク州では、一九七三年に制定されたいわゆるロックフェラー法（Rockefeller Laws）が、ヘロイン、コカイン、マリファナのわずか二オンス（約五六・七グラム）の販売（または四オンス〔約一一三・四グラム〕の所持）に対し、最低一五年の拘禁刑を定めた。さらに、あまりにも多くの裁判官が寛大な判決を下す傾向があると考えられたため、新たに強化された量刑がたびたび義務化され、裁判官が選挙で選出される三七州では、多くの「軟弱な」裁判官が敗北し、代わりに「犯罪に厳しい」裁判官が選ばれた。

連邦レベルでは、議会は薬物犯罪、銃器犯罪、児童ポルノ犯罪、そして（第1章で論じたように）それ以外の多くの犯罪に対して必要的な最短収容刑期を科した。さらに、これらの必要的な刑期は、加算して科すことが求められることもあった。例えば、連邦法では、五キログラム以上のコカインを流通させる共謀に関与した場合、最低一〇年の拘禁刑、最高で終身刑が義務付けられている。しかも、凶器が使用された場合、たとえ共謀における役割が軽微であったとしても、最低一五年の拘禁刑（すなわち、薬物の訴因で一〇年、凶器の訴因で五年）を科さなければならない。そして、二つの凶器が用いられた場合、必要的な最短収容刑期は四〇年に引き上げられる（すなわち、薬物の訴因で一〇年、一つめの凶器の訴因で五年、二つめの凶器の訴因で二五年)。これらすべての刑は必要的なものであり、裁判官はそれらを軽減する権限を持たない。

一九八四年、連邦議会は、必要的な最低収容刑期に加えて、「不合理な」量刑格差を避けることを目的とした強制的な量刑ガイドラインを超党派の支持を得て導入した。これらのガイドラインは、必要的な最短収容刑期ほど厳格ではなく、裁判官の裁量もある程度認められていたため、当初は、多くの州でも制定された同様のガイドラインが、必要的な最短収容刑期以上に量刑に関する権限を裁判官から検察官の手に移譲するものだとは認識されていなかった。

しかし、すぐに明らかになったことの一つは、これらのガイドラインが、必要的な最短収容刑期とともに、連邦刑事事件における陪審裁判の事実上の絶滅を引き起こしているということだ。一九八〇年にはすべての連邦刑事被告人の一九パーセントが裁判にかけられたが、二〇〇〇年には六パーセント以下に減少し、二〇一〇年には三パーセント以下となり、それ以降はずっとその状態が続いている。州では、裁判にかけられる刑事事件の割合は二パーセントにまで減少している。

その理由は、必要的な最短収容刑期と同様、ガイドラインが、事実上強制的な司法取引に被告人を追い込むための武器を検察に提供するからである。大半の刑事事件では、弁護人は依頼人が逮捕された時、あるいは逮捕された直後に初めて依頼人と接見するため、当初から検察官に対して情報面でかなり不利な立場に立たされる。(憲法で「過度の保釈」が禁止され、いくつかの自治体でいわゆる「保釈改革」が行われているにもかかわらず)非常によくあるケースだが、保釈金が非常に高く設定され、依頼人が勾留されている場合、弁護人には、ほとんどの拘置所で課せられている限られた面会時間やその他の厳しい制限の中で面会し、その言い分を聞き出すわずかな機会しかないのである。

対照的に、検察官は、一般的に、目撃者の聴取やその他の証拠を備えた完全な警察報告書を持ち、その後すぐに大陪審における証言、法医学的検査報告書、追跡調査が続く。(第3章と第5章で論じられているように)その多くは一方的で不正確かもしれないが、検察官に弁護人に対する大きなアドバンテージを与えるだけでなく、検察官に自分の事件の強さに自信を持たせ、もしかしたら過信させることにもなる。

このような背景から、情報不足の弁護人は、通常、逮捕後数日以内に、自信過剰な検察官と面会することになる。検察官は、司法取引によって速やかに事件を解決できない限り、被告人を立証可能な最も重い罪で起訴するつもりであることを明らかにする。実際、ここ数十年来、検察官は、多くの裁判管轄で立証可能な限り最も重い罪状で被告人を起訴するよう上層部から求められている。もちろん、被告人が司法取引に応じる場合は別だ。被告人が有罪を認めたければ、検察官はかなり減軽した罪状を提示するが、それは速やかに司法取引に応じる(したがって、検察官は貴重なリソースを節約できる)場合に限られる。そうでなければ、検察は最も重い刑を請求し、後の司法取引への道を閉ざすことはないだろうが、提示される条件は事件当初に提示されたものより高いレベルの犯罪となるだろう。

このような典型的な状況では、検察官があらゆる点で有利だ。担当検事は事件に関して多くのことを知っている(そして前述の通り、片方からしか話を聞いていないため、おそらく必要以上に自信を持っている）のに対し、弁護人はほとんど何も知らない。さらに、刑事訴追が大陪審に提出されるという名目上の要件があるにもかかわらず、実際には検察官が事実上、被告人をどのような罪で起訴するかの決定を支配している。実際、アメリカのすべての裁判管轄の法律では、起訴状の起案は検察官の自由裁量に委ねられている。そして検察官も弁護人も、大陪審は通常一方の意見のみを聞くものであり、検察官が勧める起訴を承認する可能性が高いことを分かっている。

しかし、実際に検察官に主導権を握らせているのは、必要的な最短収容刑期や量刑ガイドライン、そして、単に罪状を形にする能力があるため、起訴状の起案の仕方いかんで、事実上、量刑を決めることができるという事実だ。例えば、連邦薬物事件で、司法取引を行う場合、検察官は、必要的な最短収容刑期がなく、二年未満のガイドラインの範囲であるヘロイン数オンスの個人売買についてのみ被告人は有罪を認めればよいと弁護人と合意することができる。しかし、もし被告人が有罪を認めなければ、彼の密売量はごく一部であったにもかかわらず、最低一〇年の最短収容刑期と二〇年以上のガイドラインの範囲に該当し得る何キロものヘロインの薬物密売の共謀で起訴されることになる。別の言い方をすれば、起訴の決定という名の下、量刑権を事実上行使するのは裁判官ではなく検察官なのだ。

弁護人はこのことを十分に理解しているため、依頼人にとっての最善の結果は、検察官が比較的軽い犯罪に対する司法取引に応じる意思があるうちの早期の司法取引である可能性が高いと分かっている。実際、過去一〇年間で、連邦薬物事件に関し、司法取引に応じた被告人の平均的な刑期が五年前後であるのに対し、裁判を受ける権利を行使したが有罪となった数少ない被告人の平均的な刑期は一五年を超えており、刑務所での平均一〇年間が「裁判によるペナルティ」となっている。

最初に提示された司法取引に応じるようプレッシャーをかけられてはいるものの、賢明な弁護人は、法的・事実的な抗弁を検討する時間を与えるよう検察官を説得しようとする。しかし、過労で人員不足になりがちな検察官は同意しないかもしれない。さらに弁護人は、検察官の提案を唐突に拒否できる立場にはない。最近の最高裁判所判決によれば、弁護人は、依頼人に相談することなく、司法取引の提案を即座に拒否した場合、「弁護人の援助が不十分である」という主張に直面することになるからである。

弁護人はまた、たとえ提示された司法取引が、他の同じような立場の検察官が提示した司法取引と比べて不当であると考えたとしても、ほとんど、あるいはまったく対抗手段がないことも分かっている。検察官の上司への嘆願が成功することはめったにない。なぜなら、上司は自分の部下をサポートする必要性を感じており、また先ほども述べたように、検察官は上司が自分の提案した司法取引が許容できるものであると判断するように、事実を形成することができるからだ。そして、弁護人が中立的な第三者である裁判官に訴えることもできない。一部の裁判管轄を除いて、裁判官は司法取引交渉に参加することを禁じられているからである。一言で言えば、弁護人と依頼人は行き詰まっているのである。

このテーマには多くのバリエーションがあるが、それらはすべて同じことを指し示している。司法取引では検察官がすべての権限を握っている。司法取引は比較的対等な二者間の公正で自発的な契約上の取り決めであるという最高裁判所の示唆はまったくの神話である。司法取引は一方の当事者が他方の当事者に自分の意思を事実上強制することができる「附合契約（contract of adhesion）」のようなものなのである。

その結果、現在拘置所または刑務所に収容されている二二〇万人のアメリカ人——それ自体衝撃的な数値であるが——のうち、一六〇万人以上（すなわち、既決の者たち）が、事実上刑罰も決定づける検察官が決めた司法取引の結果、拘置所または刑務所にいることになる。そして、残りの約六〇万人（すなわち、未決の者たち）のほとんどは、名目上は裁判を待っているが、実際には検察官がどのような司法取引なら受け入れるのかについての連絡を待っているだけなのだ。

皮肉屋は次のように尋ねるかもしれない。それの何が悪いんだ？　結局のところ、犯罪率は過去二十数年間で、一九六〇年代初頭以来のレベルにまで低下している上、第1章で示唆したように、なぜこのようなことが起こったのかについては諸説あるものの、犯罪者にかなりの身体拘束期間を受け入れさせる権限を検察官に与えることにより、上記のような罰則強化がこの減少に重要な役割を果たしたと考えるのは不合理ではないかもしれない。ほとんどのアメリカ人は、ほんの数十年前と比べれば、今日の方がずっと安全だと感じており、その感覚は人生の楽しみに大きく貢献している。このような結果をもたらした検察官の権限強化を、なぜ非難しなければならないのか？

その答えは、非公開で、かつ国によって決定される刑事司法制度は、結局のところ、濫用や専制政治さえをも招くというジェファソンの洞察にあるのかもしれない。より具体的に言えば、検察官が司法取引を決定する現行制度は、いくつかの深刻な欠陥を抱えているのだ。

第一に、これは著しく一方的であり、憲法上・制度上の公正さの概念と矛盾している。合衆国憲法と全米五〇州の憲法に具体化されているように、私たちの刑事司法制度は、人の自由を奪う前に、その者が法廷で裁判を受けることができるという考え方を前提としている。彼は同輩による裁判を受けることになり、そこで政府に証拠を突きつけ、彼自身の事実と主張を示すことができる。陪審員が全員一致で、合理的な疑いを超えて有罪であると認めない限り、自由を奪われることはない。そしてその場合でも、中立的な裁判官がそのような処罰が正当であると判断するまでは刑務所に送られることはない。私たちは未だにこれらの保障に口先では敬意を払っているが、実際のところ、取引司法が中核をなす現行制度には、本当の意味でのこれらの保護はまったく含まれていない。

第二に、現在の司法取引制度は、よくて矛盾を招き、最悪の場合抑圧を招くような形で大部分が秘密裏に行われており、審査もできない。司法取引は、そのほとんどが検察の密室における秘密交渉の産物であり、内部でも裁判所でもほとんど審査されない。このような秘密主義のシステムは、必然的に恣意的な結果を招く。実際、量刑の格差や恣意性という弊害を是正するためであったはずの立法措置が、恣意的に運用されているかどうかさえ分からないほど秘密主義的でルールのない司法取引システムを司る権限を検察官に与えてしまったという事実は、大きな皮肉である。

第三に、おそらく最も重要な反対意見であろうが、検察官の独断による司法取引制度は、司法取引を結ぶよう過度の圧力を生み出すことで、実際には行っていない犯罪をかなりの数の被告人に認めさせたように思われる。例えば、イノセンス・プロジェクト（Innocence Project）[*6]とその提携弁護士が、実際には犯していないレイプや殺人などの重大犯罪で不当に有罪判決を受けたと証明した三〇〇人以上の受刑者のうち、約一〇パーセントが有罪を認めている。これら無実の人たちの一部は、極刑の罪に問われ、誤って有罪判決を受けた場合には死刑になる可能性に直面していたために、有罪を認めたものである。しかし、他の無実の人たちが有罪を認めたのは、単に自分の無罪が証明される可能性に自信が持てず、損切りをしようとしたからにほかならない。イノセンス・プロジェクトが扱う非常に重大な事件だけでなく、それほど重大でない事件においても、このような自己防衛的な心理が広く蔓延している問題であることが、（三つのロースクールの共同プロジェクトである）全米冤罪登録（National Registry of Exonerations）の統計から示唆されている。そこでは、一九八九年から二〇一九年の間に、過去に州または連邦法の下の重罪で有罪判決を受けたものの、その後裁判所によって法的にも事実的にも無実であると判断された（すなわち無罪となった）二四〇〇人以上の被告人のうち、約九〜一〇パーセント（すなわち二一〇〇人をはるかに超える人たち）が、まったく無実であった犯罪について有罪を認めていたことが記録されている。

なぜこのようなことが起きるのかを理解するのは難しくない。結局のところ、罪に問われる典型的な人物像は、過去に問題を抱えているほか、恵まれない環境にある者である。そのため、たとえ無実であったとしても、裁判で効果的な防御活動を展開できる可能性はせいぜいわずかであろうと分かっている。刑事司法制度に関する経験も、特に有色人種である場合、その客観性に対して屈折した考えを抱かせたかもしれない。したがって、もし弁護人が刑期を短縮する司法取引を獲得できれば、依頼人は司法取引を行うことが「合理的」であると判断するかもしれないのだ。

刑事弁護を担当する弁護士なら誰でも（私は、裁判官になる前に連邦検察官と刑事弁護人の両方を経験した）、最初は、自分は無実だと弁護人に告げ、その後、政府側の証拠を突きつけられると自分は有罪だと言い出す依頼人を経験したことがあるだろう。たいていは、有罪であり、それまでは弁護人に嘘をついていたというのが実際のところである（国選弁護人自体に疑念を抱いている多くの被告人は、弁護人と依頼人との間で秘匿特権が保障されているにもかかわらず、そのことを高く評価していない）。しかし、時には状況が逆転し、依頼人は弁護人に対して、実際には有罪ではないのに有罪だと嘘をついてしまうこともあるのだ。なぜなら、彼は罪を着せられることにしたからである。

理論的には、この茶番劇は被告人が罪状認否をする時点で露見するはずである。なぜなら、裁判官は被告人の罪の告白の根底にある事実について被告人に質問することになっているからである。しかし実際には、ほとんどの裁判官は、時間のかかる裁判を避けたいという理由から、被告人の罪の主張の骨子を超える質問をほとんどせず、その代わりに、基礎となる事実が何であるかについて

＊6　冤罪の証明を支援する非営利団体。

の（反対尋問によって検証されることのない）検察官の説明を当てにする。実際、検察官と弁護人自身が、有罪答弁をいくぶん人為的であると認識しているような状況では、彼らは共同で、被告人が読むための、詳細をあまり記載することなく巧妙かつ万全に準備された罪状認否書面（written statement of guilt）を作成する。最高裁判所は、（一九七〇年のアルフォード事件〔Alford case〕において）裁判で不当な有罪判決を受ける「リスク」を回避するための「自発的」な司法取引の一環として、被告人が事実上無罪を主張しながら有罪答弁を行うことを認めるまでになった。そして、この「アルフォード答弁（Alford pleas）」は、連邦裁判所では珍しいが、一部の州では珍しくない。

自分が行ってもいない犯罪について有罪を認めるという被告人の決断は、皮肉なものではあるが、自分の置かれた状況に対する費用便益分析（cost-benefit analysis）として合理的なものかもしれない。しかし、実際には、状況の重圧によって、無実の被告人が無罪になる可能性についてあまり合理的でない評価を下し、その結果、実際には無実であるだけでなく、そう証明される可能性もあるにもかかわらず、有罪を認めると決断することがあるという根拠もある。調査によれば、若く、知能が低く、またはリスクを回避できない被告人は、取り調べに耐えられないという理由で、虚偽の自白をすることがあるのだ。虚偽の有罪答弁に関する研究はあまり進んでいない。しかし、保釈が認められずに拘置所にいる被告人は、多くの場合、自分の弁護人から、強力な証拠があり、無罪になる可能性は低く、有罪になれば最低五年または一〇年の必要的な最短収容刑期に加え、それよりもかなり重いガイドラインの範囲の刑に処せられることになるが、迅速に行動すれば、刑期を何年も短縮できるような、より軽い犯罪への司法取引を行うことができると告げられると、即効性はないが、より長期にわたって同様の圧力が働くかもしれないという仮説が成り立つのかもしれない。

無実の人が有罪を認めるという現象は、どれほど蔓延しているのだろうか？　前述のように、イノセンス・プロジェクトと全米冤罪登録によれば、冤罪被害者の九〜一〇パーセントが、後に無実であることが判明した犯罪について罪を認めている。しかし、これは状況を大袈裟に捉えすぎているのかもしれない。というのも、無実が追求されるケースは、多くの場合、再審査をするほどの疑いがすでに存在していたケースだからである。この現象を調査した数少ない犯罪学者は、有罪判決を受けた重罪犯人についての割合は二〜八パーセントだと推定している。この幅の大きさは、データの不完全さを示唆している。しかし、仮にその中間、例えば五パーセントだとしよう。拘置所や刑務所に収容されている二二〇万人のアメリカ人のうち、そのほとんどがすでに司法取引を結んでいるか、司法取引の交渉中であることを思い起こすと、有罪を認めているか、認めようとしているが実際には行っていない重大犯罪で収容されている人が約一〇万人以上いることになる。罪のない人たちが、理論上守られるはずの保護が実際にはまったくない制度によって、事実上人生を破壊されているのだ。

私たちにできることは何だろうか？　もしそうする政治的意思があれば、必要的な最短収容刑期と量刑ガイドラインを廃止し、一般的な量刑制度の厳しさを劇的に軽減することができるだろう。しかし、第1章で示されたように、この方向にはささやかな第一歩しか踏み出せていない。また、特定の連邦薬物犯罪の必要的な最低収容刑期を小幅に引き下げたその最初の一歩でさえ、厳しい反対に遭ったことにも留意すべきである。例えば、元連邦検事の同窓会ともいうべき全米連邦検事補協会（National Association of Assistant U.S. Attorneys）が反対の公開書簡を送り、二人の元検事総長、三人の元麻薬取締局長官と一八人の元検察官が法案を非難する同様の書簡に署名した。

より一般的には、「犯罪に厳しい」ことは良い政治であり、この傾向がすぐに変わることはないであろう。実際、司法取引に対する一般市民からの最もオーソドックスな批判は、一部の悪名高い犯罪者が「軽い処分」で「済んでしまう」というものである。しかし、被告人がまったく無実であるにもかかわらず、裁判をして負けた場合の影響があまりに大きく、リスクを冒すことができないためにより軽い罪を認めるよう強要されている可能性を考慮する人は稀だ。

したがって、強要された司法取引の可能性を大幅に減らすような立法的解決策を実施することは当面なさそうだが、二つの有益な提案は、新たな立法を必要とせずに実現できるだろう。

一つめは、コネティカット州やフロリダ州をはじめとするいくつかの裁判管轄が試みを始めているもので、司法取引のプロセスに裁判官を関与させることである。現在、連邦裁判所ではこうした措置を規則で禁じているが、それには十分な理由がある。すなわち、司法取引が成立しなければ、裁判官が自ら関与することは、その客観性を損なう危険性を孕むことになるからである。同様の理由で、連邦判事の多くは（私も含めて）、たとえ刑事事件の司法取引と違ってそれを禁じる規則がなくても、民事事件の和解交渉に関与することを拒否している。もっとも、民事事件では、和解交渉を下級判事（magistrates）や専門委員（special masters）[*7]に委ね、その結果をその後の手続を担当する裁判官に報告しないことで、この問題は解決されている。もし連邦規則が変更されれば、刑事事件の司法取引の状況でも同じことができるだろう。

私が思い描く制度設計は次のようなものである。起訴された直後に（あるいは逮捕が行われ、被告人が勾留された場合はもっと早いかもしれない）、下級判事が検察官や弁護人と別々に面会し、その議論の過程は記録されるものの封印される一方、当事者に事件の証拠と争点に関する詳細が提供される。状況によっては、下級判事は証人の尋問やその他の証拠調べを行うことがあるが、この場合も当事者の戦略を損なわないよう封印される。下級判事は、被告人の自己負罪に関する合衆国憲法修正第五条の特権を放棄することにならないような取り決めの下で、被告人と面談することもできる。

下級判事の調査中は、検察官はいかなる司法取引の申し出（あるいは脅し）もできない。準備が整うと、下級判事は両者と別々に面会し、（証拠が弱いと思えば）訴えを取り下げるよう、（合理的な司法取引が成立しないと思えば）裁判に進むよう、あるいは提案に沿った司法取引を行うよう、勧告する。当事者は下級判事の提案に従う必要はない。もしそれらの提案に影響力があるとすれば、中立的な第三者によって提案されたこと、しかもその第三者が、検察官や弁護人が他の多くの事件で裁判を受けなければならない司法官であるという事実から来るものだろう。

＊7　連邦裁判所において裁判官の任務を補助するために任命された司法官。

では、この線で立てられた計画は、虚偽の有罪答弁を完全になくすことができるのだろうか？おそらくそうはいかないだろう。しかし、その数は減ると思われるし、より一般的には、より良い情報に基づいた、より公平な司法取引につながるであろう。

二つめの提案は、アメリカではまだどこでも試みられていないが、イギリスの既存の慣行を基にしたものである。それは、すべての州検察官と連邦検察官が、三年ごとにそのうちの六か月間は、自分の管轄区域外で、経済的に困窮している被告人の刑事弁護を務めることを義務付けるものである。その結果、検察官が現在の司法取引の一方的な性質に気付き、より過剰な司法取引のやり方を改めるようになるだろう。イギリスでは、文字通り何世紀にもわたって、法廷弁護士（バリスター〔barristers〕。すなわち裁判専門の弁護士）が、ある事件では検察官を、他の事件では弁護人を兼任するという慣行がある。そのため、アメリカの検察官や弁護人の間ではほとんど知られていない、バランスのとれた手続の見識を持っている。確かに、アメリカの検察官はイギリスの法廷弁護士よりも大きな役割を果たしている。例えば、彼らはイギリスでは事務弁護士（ソリシター〔solicitors〕）が担っている刑事事件の捜査段階にも頻繁に関与している。したがって、もし私の提案が実行に移されるのであれば、利益相反を避けるために細心の注意を払わなければならない。しかしながら、それは可能であり、現在よりもはるかにバランスのとれた司法取引をもたらすことは間違いない。

第3章
なぜ目撃証言は しばしば誤っているのか
WHY EYEWITNESS TESTIMONY IS SO OFTEN WRONG

なぜ、無実の人までもが罪を認めるのだろうか。たとえ無実であっても裁判に進む道を選んだ場合、裁判所で有罪判決が下される可能性が出てくる。第2章で述べたように、このことを恐れて無実の人が罪を認めるのである。私たちの裁判には、誤って起訴された人を守ってくれるものと思われる仕組みが数多く用意されているのに、有罪判決を恐れるとは、なんと大袈裟なのかと思う人もいるだろう。例えば、被告人には無罪推定原則が働く。そのため、検察官が被告人を有罪にしたいのならば、合理的な疑いを超える証明を行い、無罪推定を覆さなければならない。また、警察官が違法に収集した証拠は、刑事裁判の場に持ち込むことができない。これを違法収集証拠排除法則という。また聞きしたことを内容とする供述は証拠として利用することができないという伝聞法則もある。さらに、陪審裁判で被告人を有罪とするためには、一二人の陪審員が全員一致で有罪の評決を下さなければならない。このように、被告人の保護につながる仕組みが多数用意されていることから、偉大な裁判官であるラーニッド・ハンドは、一九二三年に、裁判手続について次のように論評した。「我が国の刑事手続は被告人に有利に働くように設計されている。……我が国の刑事手続は、これまでずっと、無実であるにもかかわらず誤って有罪とされた者の霊に取り憑かれてきた。それはありもしない幻想だ。私たちが恐れなければならないのは、古色蒼然とした形式主義であり、湿っぽい感傷である。これこそが、犯罪の捜査訴追を妨害し、遅らせ、失敗に終わらせるものなのである」。

ハンドが間違っていたのは明白だ。第2章で述べたように、一九八九年以降、過去に重罪で有罪とされた二四〇〇人以上もの人たちが、実は潔白であったと、のちの裁判で明らかになった（すなわち、裁判所は、過去に有罪とされた犯罪について、この者たちが実際にはその犯罪を行っていなかったと判断したのである）。他方で、すでに述べたように、これらの者のうち、九〜一〇パーセントの者が、裁判を選択せずにまったく行っていない犯罪について罪を認めており、残りの九〇パーセントの者は裁判を受けることを選択し、合理的な疑いを超える証明がなされているとして、陪審に有罪の評決を下された。なぜ、ハンドや有罪評決をした陪審は、完全に間違えてしまったのだろうか。その答えは、私たちの刑事手続にあるのではない。むしろ、私たちの刑事手続は、ハンドが述べたように、被疑者・被告人の保護に手厚い仕組みになっている。正解は、刑事裁判に提出される証拠自体に欠陥があるということだ。有罪を支える証拠が圧倒的な説得力を有しているように見える場合、世界中から被疑者・被告人を保護するための仕組みをどれほど集めたとしても、無実の者を救うことはできない。

私たちは、強い説得力を有しているように見える証拠が、実はどれほどの問題を抱えているのかということを発見し始めたばかりである。第5章では、テレビや映画その他のメディアで激賞されることの多い、科学捜査班（CSI）が集めた科学的証拠の問題点に検討を加える。その前に、私たちが注目しなければならないのが、最も伝統的な証拠の一つである目撃証言である。

目撃者の犯人識別供述は、刑事裁判において最もドラマティックで強力な証拠になることもある。「この法廷の中に、あなたが見た、とどめの一撃を放った人物はいますか」との検察官の問いに対し、「もちろんです」と目撃者が証言する。この目撃者は被告人を指差し、さらに付け加えて言う。「彼の顔を忘れることはありません」。

しかし、現実には、目撃者はしばしば誤りを犯す。実際、殺人やレイプといった重大犯罪の刑事裁判において、目撃者の誤った犯人識別供述が主たる原因となって誤判が生じたと思われるものがある。これらの犯罪は、イノセンス・プロジェクトが特にエネルギーをつぎ込んできたものである。イノセンス・プロジェクトは、DNA型鑑定を利用して三六〇人以上もの人々の潔白を証明してきた。目撃者の犯人識別供述は、殺人やレイプといった重大事件の七〇パーセント以上で証拠として提出されている。実際に、これらの事件のほぼ三分の一で、被告人が犯人であるとする複数の犯人識別供述に誤りがあった。目撃者による犯人識別供述の次に誤判の原因になっているのは、法科学の「専門家」が誤解を招く証言をした場合である（これについては第5章で検討する）。法科学の専門家の誤解を招く証言は、殺人やレイプといった重大事件の四五パーセントでなされていた。誤判の原因の第三位は虚偽自白であり、これらの重大事件の約三〇パーセントで虚偽自白がなされていた。

もちろん、陪審評議は非公開であるため、目撃者の誤った証言が原因となって誤判が生じたことを確認する手立てはない。イノセンス・プロジェクトの活動によって潔白が証明された者の総数は四〇〇人に満たないものであり、かつ、案件も重大犯罪に限られている。したがって、重大事件で目撃供述が誤っていることが珍しくないからといって、他の犯罪でも同じだと言い切ることはできない。しかし、よりサンプル数の多い全米冤罪登録によると、一九八九年以降、さまざまな事件で潔白であることがのちに証明された二四〇〇人を超える人々（第2章で言及した）に関して、目撃者の誤った供述が証拠として提出されたものが四〇パーセントに達するという。また、目撃証言はそもそも影響力が強いので、これら数百件にものぼる誤判事件で目撃者の誤った証言が重要な役割を果たしたと推論することは、決して的外れなものではない。

目撃者の中には、犯人と識別した人物と顔見知りだったという者もいる（例えば、夫が妻に暴行を加えているのをご近所さんが目撃した場合などである）。しかし、多くの場合、目撃者は犯人と識別した人物と以前に会ったことはない。目撃者が被告人と会ったのはたったの一回であり、その時に犯行を目撃したのである。だが、ある意味では、初めて出会ったからこそ、目撃供述の信用性は高まるとも言える。なぜなら、目撃者には嘘をつく動機がないからである。目撃者にとって被告人はまったく知らない相手であるし、運悪く犯行現場を通りかかっただけであり、より悪い場合には、被害者になってしまっただけなのである。いずれの場合も、被告人との遭遇は、目撃者にとって忘れることのできない出来事である。だからこそ、目撃証言は信用できると陪審が判断するのは、大いに起こりうることと思われる。

しかし、のちに潔白であることが証明されたということは、少なくとも、目撃者の犯人識別供述の間違いが頻繁に生じていることを意味している。しかし、なぜこのようなことが起こるのだろうか。警察官の言動が不適切であったために起こることもある。例えば面通しの際に警察官が目撃者に対し、「三番をじっくり見てほしい」と発言する場合や、犯人に違いないと警察官が踏んでいる人物を自信があって指差したわけではないのに、警察官が「よくやった」と発言する場合である。しかし、目撃者が誤った犯人識別供述を行う一番の原因は、人間の知覚と記憶に本来的に備わっている欠陥である。この欠陥とは、たとえ取り除くことができる場合があったとしても、簡単にはできないものである。このような欠陥の中には、明白なものもある。目撃者が犯人の顔を知覚する能力は、照明の具合、距離やアングル、目撃者の視力、目撃者が犯人を見た時間の総量、ピストルなど、そちらに意識が向いてしまう物の存在の影響を受ける。同様に、人の記憶は時間の経過とともに薄らいでいくものであるため、目撃者が顔を見たのが数時間前なのか、数日前なのか、それとも数週間前なのかで、どれだけ正確に思い出せるかが変わってくる。

多くの研究が物語っている通り、多くの人が、たった一度だけ見ただけの人の顔を正しく知覚し、記憶することができると過信している。しかも、思い出すものといったら、犯人は四角いアゴをしていたとか、ロヒゲをたくわえていたといったような、一般的な特徴であることが多い。この研究は、ほかにも、はっきりと分かっているわけではないが、目撃者の知覚と記憶喚起に影響を与え、ゆがめてしまう要因が多くあることを論じている。例えば、一九八〇年代にまで遡ることができる入念な研究が、今日では他人種効果と呼ばれているものを例証している。すなわち、目撃者は、自分と異なる人種の場合よりも、自分と同じ人種の場合に識別を誤ることが少ない、というものである。なぜそのようなことが起こるのかをめぐる議論はさまざまであるが、そうなるということについてはほぼ異論がない。

記憶というものは、時が経つにつれて、ギャップを埋めるために別の記憶と結びついて改変されていく傾向がある。これも理由がはっきりと分かっているわけではないが、目撃者の知覚と記憶喚起に影響を与え、ゆがめてしまう要因の一つである。犯人の素性を知らない目撃者は、警察官から面通しや写真照合を求められることがある。その中には被疑者の可能性のある者が一人から数人含まれているが、その中から目撃者が犯人として誰を選ぶのかを確認するために行われるものである。面通しや写真照合の実施時点において、目撃者は当該犯罪について曖昧な記憶しか持ち合わせていないのだが、犯人として誰かを選び出す前に、面通しのために並んだ人物や写真を注意深く観察する。それが公判で証言する段になると、曖昧であったはずの犯人についての記憶が、面通しのために並んだ人物や写真を注意深く観察した結果形成された記憶と結びついて、目撃者は本心から、自分は犯罪が発生した時点からずっと具体的で細かな特徴を記憶していると思ってしまう。例えば犯人の顔には傷があったというものであるが、細部に関する知覚は、面通しのために並んだ人物や写真を観察したことで形成されたものである。

思い込みもまた、目撃者の犯人識別供述をゆがめてしまう危険性がある。例えば、熟練の警察官が目撃者に対し、面通しのために並んでいる人物や写真に写っている人物の誰かが犯人である、という先入観を持たないようにと注意を促したとしても、目撃者のほとんどは、この中に犯人が含まれているに違いないという前提で面通しや写真照合を行っている。そして、このような前提に立っているからこそ、目撃者が犯人を識別することができる可能性も高まるのである。

もちろん、すべての面通しや写真照合で、適切な配慮や注意喚起がなされているわけではない。また、目撃者による犯人識別供述に関して、過去数十年にわたって多くの改革がなされてきた。例えば、当該犯罪の捜査に関与していない警察官が面通しや写真照合を実施するといったように、警察官が目撃者を誘導することがないような手続である。この改革の目的は、たとえボディー・ランゲージに過ぎないようなものであったとしても、警察官の誘導が原因となって、目撃者が特定の人物を選び出してしまう危険性を取り除くことにある。しかし、このような改革が有益なものであることは間違いないが、これまで多く発生している誤った犯人識別供述の主たる原因と考えられる、人間の知覚と記憶にまつわる、より根本的な問題の解決にはほとんど効果を発揮しない。

目撃者の犯人識別供述に誤りがあった事例の中には驚くべきものもある。次に示す三件の事例について考えてほしい。

一九八四年、カーク・ブッラズワースは、ボルティモアで九歳の少女をレイプして殺害したとして死刑判決を受けた。この犯罪とブラッズワースを結びつける物的証拠や状況証拠は一切なかったにもかかわらず、五人もの目撃者が、ブッラズワースが被害少女と一緒にいるところを見たとか、ブッラズワースが犯行現場にいるのを見たと発言した。当時、DNA型鑑定は刑事司法制度の中にまだ登場していなかった（検察官がDNA型鑑定を用いたのは一九八八年の事件が初めてであり、被告人側弁護人がDNA型鑑定を用いたのは、それより数年後のことであった）。しかしながら、一九九三年、被害少女の下着に付着していた精液のＤＮＡ型鑑定が行われ、犯人はブラッズワースではなく別の人間であることが証明された。最終的に、このＤＮＡ型と一致した人物は本件について罪を認めた。幸いにもブラッズワースの死刑は執行されていなかったので、彼はその年のうちに釈放された。

同じく一九八四年、ジェニファー・トンプソンという名前の大学生が、ノースカロライナ州のバーリントンでレイプされた。トンプソンは犯人を特定するため、警察から六枚の写真を見せられた。トンプソンはその中から自信なさそうに、見知らぬ人物であるロナルド・コットンを選び出した。トンプソンは当初、「この男が私を襲った男だと思う」と供述していたのだが、公判では、私をレイプしたのはコットンに「間違いない」と証言した。コットンには終身刑の判決が下された。それから数十年後、犯行直後にトンプソンの膣から採取されていた精液のＤＮＡ型鑑定が行われ、別の男性のＤＮＡ型と一致することが判明した。その後、この男は起訴され、コットンは釈放された（驚くべきことに、その後コットンとトンプソンは和解し、今でも親密な交流が続いている）。

一九七四年、ジェームズ・ベインはフロリダで九歳の少年をレイプしたとして有罪判決を受けた。この当時は、ＤＮＡ型鑑定ができるようになるよりも、さらに前の時代であった。被害少年の下着に付着していた精液に混じっていた血液はＢ型だった。これに対して、ベインの血液型はＡＢ型だった。そうであるにもかかわらず、陪審は有罪の評決を下したのである。その根拠として重要な役割を果たしたのが、ベインが犯人であるとした被害少年の犯人識別供述であった。被害少年は最初に行われた写真照合の時から公判までの間、一貫して、ベインが犯人であるという供述をしていた。時は流れ、DNA型鑑定が利用可能な時代になると、ベインは被害少年の下着に付着していた精液のDNA型鑑定を求める直筆の申請書を四回、裁判所に提出した。しかし、ベインの申請は四回とも却下された。しかしながら、フロリダ州のイノセンス・プロジェクトから派遣された弁護士の助力を得て、ついにベインの申請は受理された。この時に行われたDNA型鑑定の結果、ベインが潔白であることが完全に証明された。ベインは二〇〇九年に釈放されたが、ベインはまったく行っていない犯罪で三五年もの間、刑務所に入れられていたのである。

上記のケースのいずれにおいても、もしDNA型鑑定がなかったならば、彼らは今もなお刑務所の中に入れられているか、あるいは死んでいただろう。だが、大多数の犯罪の捜査・訴追でDNAサンプルは利用できないか、重要性を持たない。したがって、現在刑務所に収容されている膨大な数の者が、誤った目撃証言が原因となって有罪とされたのだと推論することも許されよう。また、誤った犯人識別供述の中には、警察官の誘導的な言動や態度に影響を受けたものもあるかもしれないが、それ以上に、人類に固有の、知覚と記憶の欠陥に由来するものが多くあると考えても、あながち間違いとは言えないだろう。目撃者の犯人識別供述の正確性を減少させる要因のうち、人為的にコントロールすることがほとんどできないものとして、すでに言及したもののほか、とりわけ次の三つを指摘しておく。①犯罪発生時における目撃者自身のストレスやトラウマの程度、②時の経過とともに、記憶の正確性を高めるため、あるいは元々あった偏見と一致させるため、記憶に脚色が加えられる傾向があること、③ごく短い時間に生じた出来事を記憶から引き出す能力については、人によって大きな格差があること、である。

司法制度はどのようにして、このような対処するのが難しい問題に対応すれば良いのだろうか。目撃者の犯人識別供述がしばしば信頼できない時があることは、早くも一九六七年に、「合衆国対ウェイド」事件判決、「ギルバート対カリフォルニア州」事件判決、「ストーヴァル対デノ」事件判決で合衆国最高裁も認識しているところである。これらのケースでは、不公正さを回避するために、面通し時に弁護人を立ち会わせることが必要かについて議論がなされた。一〇年後の一九七七年、合衆国最高裁は「メイソン対ブレイスウェイト」事件判決で初めて、目撃者の犯人識別供述が、警察官の行為が過度に誘導的であったために生み出されたものであった可能性があると判断を下した。この事件で警察官が目撃者に提示した写真はたった一枚だけであった。メイソン判決やそれに続く多くの判決で強調されたのは、このような方法で犯人識別を行うことの危険性と、それを改めることであった。なぜなら、このような方法で生み出される誤った犯人識別供述は、直ちに解決することが可能なものだからである。

この点に関して、今もなお行われているものも多いが、改善されていることもある。少なくとも現在九つの州では、（捜査に関与していない警察官が面通しや写真照合を行うなど）中立的な面通しや写真照合を行うことが義務付けられている。多くの州や自治体では、面通しや写真照合が誘導的なものにならないようにするため、これにたずさわる警察官は、あらかじめ用意された原稿をそのまま読み上げるという形になっている。さらに一一の州では、現在、犯人識別供述に関して、当初の段階における目撃者の自信の程度を記録し、あわせて、被告人側がこれを利用することができるようにしている。しかしながら、さらなる改革が必要である。例えば、面通しのための列に並ぶ被疑者(そして目撃者のリアクション)を録画すること、また、面通しや写真照合にたずさわる警察官が無意識のうちに目撃者を誘導することがないようにするため、警察官のトレーニングを実施することが必要である。少なくとも、警察での手続は、目撃者の誤った犯人識別供述をなくすために、具体的な措置を講じることができる領域である。

目撃者の犯人識別供述が誤ったものになるのは、私たち通常人の知覚や記憶が抱えている根本的な欠陥が原因である。しかし、裁判所も、警察も、この重大な問題に対処するために必要な措置を十分に講じてこなかった。メイソン事件判決が下されたことにより、連邦裁判所は、警察官の言動や態度が誘導的であることだけでなく、知覚や記憶に固有の限界を理由に、目撃証言を証拠から排除することができるようになった。しかし、メイソン事件判決が下された当時は、理由が明確になっていない知覚と記憶の欠陥に関する研究がまだ十分になされる前であったため、警察官の不適切な行動以外の理由に基づいて目撃証言が証拠から排除されるということはほぼ行われなかった。そして、目撃者の犯人識別供述が知覚時のストレスや時間の経過による記憶の脚色の影響を不当に受けているかについて、（陪審はもちろん）裁判官が実際にどのように判断しているのかを知ることは難しい。

しかしながら、近時、ニュージャージー州の州裁判所の取組みが最も著名であるが、新しいアプローチを試み始めている州裁判所も出てきている。これらの裁判所は、陪審員に対し、人間の知覚と記憶には限界があり、目撃者の犯人識別供述はその影響を受けるものであることを説示したり、それと同内容の証言を専門家にさせたりしている。これは、審理中の裁判における特定の目撃証言に対するコメントではなく、一般論として、目撃証言は見た目ほど信用してよいものではないと陪審に注意を促すものに過ぎない。しかし、残念なことに、ある予備的な研究が結論づけているように、このようなアプローチの効果はあまり大きくない。陪審員は、裁判官が行った目撃者の犯人識別供述についての特別な説示には、裏の意味があると解釈するように思われるからである。すなわち、この裁判官はあの目撃者を信用していないというような。そのため、陪審員は、目撃証言を重視しないだけでなく、むしろ完全に否定する。専門家の証言については、検察側証人と被告人側証人との間で言い争いが発生する場合もあるので、先の研究によると、陪審は専門家証言を無視することで事態に対処しているとのことである。それゆえ、どちらの場合も、陪審員は、目撃証言を完全に無視するのではなく注意深く扱うという、困難な作業に取り組まないことになってしまうのである。

私の意見を言えば、これらのアプローチは、第2章で論じたように、連邦及び各州の刑事事件の圧倒的多数が司法取引や裁判官・陪審による事実認定を必要としないその他の方法で解決されているという点についても無視している。むしろ、刑事事件の解決に責任を負う中心人物は検察官であり、今や検察官は誰を訴追するのか、何罪で訴追するのか、事件はどのように解決されるべきかについて、ほぼ無制約と言ってよい裁量を有している。ただし、近い将来に事態が改善されるという見込みはない。したがって、目撃者の犯人識別供述に誤りが頻繁に生じるのを減少させるために今すぐできることは、検察官の教育である。すなわち、新人の頃から、目撃者の誤った犯人識別供述の危険性について指導するのである。なぜなら、この危険性は、警察の手続が改善され文句のつけどころがなくなった時点でさえも残り続けるものだからである。裁判所がそのようなトレーニングの実施を命じることはできないかもしれない（立法府や行政府であれば容易に命じることができるのだが）。しかし裁判所は、力強いメッセージを発して、検察が新人トレーニングを実施するよう誘導することはできるかもしれない。

他の穏当な要因についても言及しておく必要がある。強盗などの毎日発生している犯罪の多くでは、商店やビルに監視カメラが設置されているおかげで、警察官はそれほど目撃者の犯人識別供述に頼らなくても済むようになっている。したがって、誰もが自由に出入りすることができるような空間には、今以上に監視カメラの設置が推奨されるべきである。もちろん、これは問題解決方法としては不完全なものである。なぜなら、犯罪を行う者は覆面を被って身元が分からないようにして捜査を免れようとするし、暴力犯罪の多くが私的な住居内で起きているからである。法律に基づいて私的な住居内をカメラで撮影することは合衆国憲法上禁止されるものであり、何よりもプライバシー保護の観点から問題がある。

目撃者の犯人識別供述は、アメリカ合衆国の司法制度に、他のものとは異なる課題をもたらしている。多くのケースで、犯罪を行った者についての直接証拠が目撃証言のみということもある。しかし、現代科学によると、目撃証言は本質的に疑わしいものである。もっとも、陪審員がすぐに自身の経験に照らして目撃証言を評価できるというものではないが。残念ながら、目撃者の誤った犯人識別供述が原因となって、誤判が生じてしまう可能性は今後も続くのである。

第4章
死刑制度はなくなるのか？
WILL THE DEATH PENALTY EVER DIE?

毎年、死刑が執行されるアメリカ人の数はごくわずかであるが、死刑という刑罰は多くのアメリカ人にとってかなり重要な問題の一つである。多くのアメリカ人にとって、死刑とは、犯罪、刑罰、道徳に対する社会の態度を象徴するものなのである。しかし、私個人にとって、死刑は、私から切り離すことができないものでもある。兄、ジャン・デイヴィド・レイコフが一九八五年に殺害された。私は深い悲しみの只中にあったが、怒り、いや、抑えることのできない憤激の感情が湧き起こることも稀ではなかった。私は、兄を殺害したと自白した男のことをほとんど知らなかった。知っていたのは、彼の名前くらいだった。私は彼の死を願った。

兄は当時四四歳であったが、ようやく世に認められ始めた頃だった。兄は革新的な教育理論を打ち出し、それが世間の注目を集め始めていた。そして、同じ程度に重要なことは、兄が、自分が同性愛者であることを受け入れた頃だったということである。兄は何年もの間、自分の性的指向を抑え込もうともがいていた。兄はマニラへ旅行に行き、そこで男娼を一人買った。しかし、最後は支払いをめぐって口論となり、彼はパイプバーナーとアイスピックを使って兄に攻撃を加えた。つまり、兄が死ぬまでパイプバーナーを何度も打ちつけ、アイスピックを兄の体に突き刺したのである。彼は自分の足跡を消すため、兄が滞在していたバンガローに火を放った。しかし、警備員が煙に気付き、逃走しようとするこの男娼を捕まえた。その日の夜遅く、彼はすべてを自白し、その内容は書面にまとめられた。

アメリカ合衆国に戻ってきた兄の遺体と対面した時、兄の顔面はほとんど誰なのか見分けがつかない状態だった。どれほどひどい暴行が加えられたのかが分かった。心が張り裂けそうになった私は、大声で叫び、心の底から復讐することを誓った。当時、フィリピンでは死刑は執行可能な刑罰であったが、彼は腐敗した司法制度を最大限に活用して、三年ほどの拘禁刑を獲得した。これとは反対に、もし検察官が死刑を求刑していたならば、私は手を叩いて喜んだに違いない。

それから数年が経ち、私は考えを改めた。

裁判官の視点で死刑を見るならば、合衆国憲法が示す基準と一致するものになることを目指して死刑を規律しようとする中で、合衆国最高裁が直面してきた諸課題を無視することはできない。これは、死刑という刑罰の陰鬱な歴史と同じく、多くの研究者が研究の対象としてきた課題である。これらの研究のほとんどの箇所では大変素晴らしい説明がなされているが、それらに私が不満を持つとするならば、人々が心の中に抱く怒りの感情に対して、ごくわずかな関心しか払っていないことである。この怒りの感情は、死刑制度に心情的なサポートを与えるものである。怒りの感情は、殺害された被害者の遺族や友人だけでなく、被害者に感情移入する一般の人々も持つものである。このような人々は、殺害の残忍な側面を知り、この殺人者は生きる権利を失ったと憤るのである。

研究者の多数にとって、死刑をめぐる議論は何よりもまず、文化的価値観をめぐる象徴的な戦いなのである。その水面下には、強い人種差別が隠れている。これはおそらく事実なのであろうが、理性的な人間が、罪のない者の命を奪う行為に対して殺害者の死を希望するほどの嫌悪感を抱くということを受け入れない限り、多くの世論調査が示しているような、死刑を廃止した州や国で死刑が今もなお広い支持を集めているという、やや逆説的な事実を説明することができない。

同時に、我が国において、死刑が人種的に不公正なやり方で科されているという事実も否定することはできない。例えば、キャロル・スタイカーとジョーダン・スタイカーが執筆した『死への招待（*Courting Death*）』によると、一九世紀から二〇世紀、そして現在においてもなお、死刑の宣告が白人、特に白人女性に対する犯罪を行った黒人に対して不均衡になされているというのである。実際に死刑を執行された者は、より一層不均衡なことに、有色人種の男性である。多くの州では現在もなお死刑の宣告が認められている（さらにトランプ政権は、連邦レベルで積極的に死刑執行を追求した）が、死刑が執行されているのは主として南部諸州においてである。スタイカー姉弟によると、南部諸州は歴史上奴隷制度を有しており、奴隷制度の根強い人種差別的な伝統がある。南部諸州で死刑執行が多いのは、これらを反映したものであると説明している。

死刑の執行が南部諸州に集中しているのは、白人が黒人に暴力を振るうという南部における人種対立の歴史的産物である。法律に基づいて執行される死刑を除いて、南部諸州では一八八〇年から一九三〇年にかけて、三〇〇〇人を超える人がリンチによって死亡しており、被害者のほとんどは黒人男性であった。リンチによる死刑は、西部では比較的少数にとどまっており、北部ではほぼなかった。スタイカー姉弟が指摘しているように、今日において、ある州が死刑執行を好む傾向があるかを見極める一番決定的な判断材料は、一世紀以上前にそこでリンチ集団が活動していた歴史があるか否かである。

死刑は主に南部諸州の黒人男性に科せられていたものなので、合衆国最高裁判所で最初に成功した死刑への攻撃が、ＮＡＡＣＰ（全米有色人種地位向上協議会）弁護・教育基金の指揮したものであることは、何ら驚くべきことではない。しかしながら、少々皮肉なことに、死刑制度を攻撃する手法として一番成功を収めるものは、人種差別的で不公正だと主張することではなく、死刑の執行が憲法に違反して恣意的に行われていると言ってよいほど基準なしに行われていると主張することである、とＮＡＡＣＰとその弁護士たちは考えている。このような発想に基づいているのが、合衆国最高裁判例の「ファーマン対ジョージア州」事件判決（一九七二年）であり、最高裁は、死刑がその当時のやり方で執行される場合には違憲になると判断した。

ファーマン事件判決では、最高裁のどの裁判官の意見も法廷意見を形成することができなかったが、ポッター・スチュワート裁判官の意見に同調する裁判官が最も多く、これが相対的に多数意見となった。

このような死刑制度は、雷に打たれて死ぬことと変わりがないものであり、残虐かつ異常な刑罰にあたる。なぜなら、一九六七年から一九六八年の間にレイプと殺人で有罪判決を下された者のうち、多くの者は本件の被告人と同程度の非難に値する者たちであるが、実際に死刑判決が下されたのは、気まぐれに選択された一握りの者たちだからである。本件の被告人はまさに、この一握りの者に該当するのである。私の意見に同調してくれた裁判官たち（サーグッド・マーシャル裁判官とウィリアム・O・ダグラス裁判官）が論証しているように、たとえ少数の者を選び出して死刑判決を下すことについて何らかの根拠を見出すことができるとしても、人種を根拠にすることは合衆国憲法に違反するものである。しかし、人種差別が行われているかは証明されていないことなので、この点は脇に置くこととする。この独特の刑罰が気まぐれで移り気に下されることを許容する制度の下で死刑判決を下すことは、合衆国憲法修正第八条及び修正第一四条に照らし、決して許されるものではない、とだけ申し述べておく。

理論構成がどのようなものであれ、ファーマン事件判決は死刑の執行を停止させた。しかし、その状態は長くは続かなかった。死刑は恣意的に下されているので違憲であるとするスチュワート裁判官の意見に応えて、それから四年以内に三五もの州が、恣意的な運用をできなくするための基準を備えた法律を制定した。一九七六年、最高裁が「グレッグ対ジョージア州」事件判決でこれらの法律を合憲としたため、死刑制度は復活することとなった。

それ以降、そしてごく近年まで、最高裁判所で下された死刑に関する判例は、これらの法律の死刑基準を審査し、改良を加えるというものであった。死刑基準の多くは、裁判官及び陪審が死刑判決を下すべきか否かを判断する際に考慮しなければならない「加重」事由と「軽減」事由を定めていた。合衆国最高裁のこのような「規制的」なアプローチは、失敗作の連続であった。一つの理由としては、基準というものは、裁判官や陪審が個々のケースの細部を考慮に入れるための裁量を奪うほど厳格で隙間のないものであってはならないと最高裁が命じているからである。しかしこのことは逆に、広範で曖昧なところのある基準を最高裁が承認することを意味する。つまり、裁判官と陪審に自由裁量を付与することになり、ファーマン事件判決で相対的多数意見が非難した恣意的な運用という問題を生じさせることになる。

例えば、殺人を犯した被告人に死刑判決を下すべきかを判断する際に裁判官や陪審が考慮することになる一般的な加重事由として、被告人が他の犯罪を行う過程で殺人を行ったか否かを考慮するというものがある。しかし、他の犯罪のリスト――典型的には、レイプ、強盗、侵入盗、暴行が含まれる――にはあらゆる種類の犯罪が含まれることもあるので、その場合には、殺人が行われるシチュエーションの大多数に適用されることになる。そのため、この加重事由は、裁判官や陪審の裁量を制限したりその幅を決定したりするという点では、ほとんど意味をもたないのである。別の加重事由として、被告人が殺人を犯す際に「人命に対する完全な無視」と評価できる内心状態を示したか否かというものがある。殺人犯のうちどれほどの者がこのカテゴリーに当てはまらないというのだろうか。このことは、実際には死刑判決が事実上基準なしに下されていることを意味しないのだろうか。

さらに、これらの基準の言葉遣いや適用をめぐる訴訟があることにより、裁判官の多くが死刑制度に不快感を募らせていることと相まって、死刑判決が宣告されてから死刑が執行されるまでの間に、数年の時間を要するようになっている。このことは、死刑から応報的効果と抑止効果の大部分を事実上奪うものである。なお、応報的効果と抑止効果は、合衆国最高裁がグレッグ事件判決で死刑の正当化根拠として掲げたものである。

スティーヴン・ブライヤー裁判官が「グロシップ対グロス」事件判決（二〇一五年）の反対意見で述べたように、「死刑判決が宣告されてから死刑が執行されるまでの間にあまりにも長い時間が経過してしまうことは、……死刑制度の刑罰としての目的を棄損することになる」。連邦議会は一九九六年に反テロリズム及び効果的死刑法（ＡＥＤＰＡ〔Antiterrorism and Effective Death Penalty Act〕）を制定して、この時間経過に対処しようとしたが、全体としては効果は上がらなかった（第9章で検討するように、この法律は、非死刑事件で州が被告人の権利を侵害していないかを連邦が審査する重要な手続の大部分を取り除いてしまうという、意図していなかったひどい二次被害をもたらした）。効果が上がらなかった理由の一部として、大手法律事務所に勤めていて、死刑反対運動に取り組んでいる弁護士が、死刑執行に抗議して、相当安い費用で弁護活動に従事している点が挙げられる（例えば、薬物注射による死刑の執行方法が残虐かつ異常な刑罰にあたると主張している）。しかし、これは、反テロリズム及び効果的死刑法によって州の刑事事件を審査する権限が制限されたとはいえ、目前に迫っている死刑の執行に対する異議を斥ける判断を下すことは、被告人に対して今すぐ死ぬように命じることと変わらないと連邦の裁判官たちが認識していること、及び、後戻りできない段階に至る前に停止する意思を有していることを反映したものである。したがって、反テロリズム及び効果的死刑法があるにもかかわらず、死刑判決が宣告されてから死刑が執行されるまでの間には、現在平均して一五年の時間が経過している。

特別にデザインされた死刑囚監房に収容する費用とともに、訴訟に対応するための費用と時間経過のためにかかる費用の大部分を負担するのは、連邦政府や州政府ではなく、地方自治体である。この費用はしばしば莫大なものになることもあるので、地方自治体が破産の瀬戸際まで追い込まれる事例や、必要な資金や資源の大部分を、他の法執行に必要な資金から転用したという事例もある。例えば、カリフォルニア州のある委員会は、死刑事件の訴訟で同州と同州内の地方自治体にかかる費用を合計すると、①手続が複雑であること、②死刑囚用の監房に収容しなければならないこと、③処刑室の建築費と維持費がかかること、④死刑事件に固有なほかの機能すべてを整える費用がかかることから、カリフォルニア州で死刑制度を運用するためにかかる公的費用は、仮釈放なしの終身刑を科した場合にかかる費用のおよそ一〇倍以上になると算出した。

要するに、最高裁の規制的なアプローチは、際限なく時間がかかり、無限に費用がかさみ、死刑制度の目的にとって逆効果であり、元の制度とほぼ同程度に恣意的に用いられてしまうのである。

より最近では、最高裁は若年層や精神遅滞を抱えた人に死刑を科すのは違憲であると判断し、死刑に一定の制限をかけようとしている。これらの判断は、第6章で検討する脳神経科学のデータを根拠の一部とするものであるが、死刑に関して合衆国内で合意が形成されていると合衆国最高裁の多数意見が捉えているもの、すなわち、若年層や精神遅滞を抱えた人に死刑を科すのはまず起こりえないことであるという考え方を土台にしている。これらの判断は、必然的に、その判断自体を原因とする訴訟を生み出してきた。例えば、被告人が精神に遅滞を抱えているかを判断するためにどのような判断基準を適用したら適切なのかをめぐる訴訟である。

世論調査によると、アメリカ人の大多数は今もなお死刑制度に好意的であるが、それもかつてほどではない。しかし、死刑に対する世論の支持がかつてほどの勢いがないのは、上述したような、死刑に対する連邦の規制的アプローチが抱える問題点が原因ではないように思われる。部分的には、犯罪、特に殺人の発生率が減少していることが原因である。また、数百とは言わないが、最終的に無実であることが証明された数十の事件で死刑判決が下されていたという圧倒的な証拠の存在も大きいであろう。

私たちが、完全に無実である人に死刑を執行していた、あるいは執行しかけていたという事実が判明したのは、元々はイノセンス・プロジェクトの業績であり、レイプ殺人事件で革新的にDNA型鑑定を使用したことに基づく。これらの事件では、有罪判決後も長期間、体液やティッシュが保存されるため、DNA型鑑定を行うのが可能であった。これらのケースの多くで、DNA型鑑定を実施した結果、レイプ殺人事件の被害者から採取された性液が、死刑判決を宣告された者に由来するものではなく、警察官が捜査の対象から除外した人物に由来するものであることが明らかになった。

他の組織も次第にイノセンス・プロジェクトの活動に加わり、解決済みとされた事件の扉を再び開けるようになった。その結果、(第2章で検討した)全米冤罪登録のリストによると、死刑対象事件で有罪判決を下された多くの者が、裁判で完全に潔白であったことが証明された。なお、そのうちの多くの者が、死刑囚監房の中で数年間生活を送っていた。実際に死刑が執行された者のうち、どれだけ多くの者が無実だったのかについては想像することしかできない。他方で、広く支持されている研究が、死刑を執行された者の四パーセントが無実であったとする統計を載せている。

死刑対象事件で誤判が生じてしまうのは、目撃者の誤った犯人識別供述、偽証、法科学の専門家が提出した証拠に欠陥があることが主たる原因である。このことも指摘しておくべきことである（第3章で簡潔に述べており、第5章でも検討する）。これらの問題は、近年のアメリカ合衆国の刑事司法制度に固有の問題であるが、最高裁判所で審理されたどの死刑事件でも十分には取り上げられなかった問題である。

潔白であることが証明されて登録されている事件は、まだ潔白であることが証明されていない事件の数からするならば、ごくわずかなものに過ぎない。今日において、DNA型鑑定が決定的な結果をもたらすことができるのは、犯行現場で発見された証拠に混入しているDNAが二人までの場合が限度である。そして、多くの事件では犯行現場でDNAのサンプルを取得することができない。しかし、三人以上のDNAが混入しているサンプルから各人のDNAを分けて検出する技術を開発するために、多くの研究がすでに実施されている。例えば、集団レイプに関与していた人物や、多数人の指紋がついた拳銃を使用した暴行に関与していた人物を特定することを目的とするものである。これらの技術は、裁判所で使用することが認められるほどの信頼をまだ勝ち得ていないが、信頼を多く集める日はいずれやってくる。そして、このような技術が開発されることにより、間違いなく、新たな潔白証明（そして新たな有罪証明）に導く証拠が裁判所に提出されることになる。また、指紋鑑定は、現在の方式のままであるならば、主観に基づく部分が多いため、やや信頼性が低いものである。これについても同様に、正確性を高めるための研究が近年盛んに進められており、技術革新がなされた指紋鑑定を利用した潔白証明の増加が予想される。

しかし、すでに死刑が執行されてしまった場合、将来において信頼性の高い潔白証明がなされる可能性があるということが、死刑を執行された者にとって一体何の役に立つというのだろうか。このことを根拠として、二〇〇二年に「合衆国対クゥイノンズ」事件判決で、私はアメリカ合衆国の死刑制度は違憲であると判示した。特に、合衆国憲法の適正手続条項の下、無実の者は自己の無実を証明する権利を奪われないが、もし死刑が執行されてしまったならば、事実上、この権利が奪われたことになると判示した。

私が下した判断は、第二巡回区控訴裁判所で即座に破棄された。第二巡回区控訴裁判所によると、一九九三年に合衆国最高裁は「ヘレラ対コリンズ」事件判決で、たとえ無実の者であっても、時の経過により、自己の無実を証明して釈放される権利を失うことになると判示しているというのである。しかし、私に言わせれば、第二巡回区控訴裁判所のこの解釈は誤っている（多数意見になるか否かを左右する五票目を投じたサンドラ・デイ・オコナー裁判官は、第二巡回区控訴裁判所とは真逆の考えを表明している）。しかし、第二巡回区控訴裁判所が「ヘレラ対コリンズ」事件判決について、たとえ無実の者であっても、時の経過により、自らの無実を証明して釈放される権利を失うと判断したものと解釈したため、シュタイカー姉弟は、その本の中でありがたいことに私の判断の言及した後、無実の者に死刑が科されるという問題は政策課題として重要なものではあるが、無実の者が潔白であることを証明する機会を持ち続ける権利を有するという主張を支える先例がないため、無実の者に死刑が科されるということを、憲法を根拠として死刑制度に攻撃を加える際の唯一の根拠として用いることは徐々に下火になる可能性が高いと結論づけている。

おそらく、スタイカー姉弟は正しい。しかし、無実の者に死刑を執行したり、執行しかけたりしたという事実の存在は、死刑制度の道徳的基盤をほとんど奪う要因であり、それゆえ、死刑から法的正当化根拠を奪うものである。これは、私一人の意見ではない。二〇一九年にジョン・ポール・スティーヴンズ裁判官が逝去する二か月前に出版した回想録『ある裁判官の舞台裏（*The Making of a Justice*）』で、この偉大な元合衆国最高裁裁判官は次のように論じている。「合衆国最高裁が一九七六年に死刑制度の合憲性について詳細に審査した際、我々の誰一人として、死刑事件で誤りが発生する危険性の大きさを真剣に考察していなかった。しかし、現在では、市民社会では決して許容されてはならない危険性であることは完全に明らかである」。死刑の執行を受けた者が無実かもしれないと知って、死刑制度を称賛できる人がどれだけいるだろうか。死刑事件で誤りは発生しないという深く染み込んだ考え方に変化が訪れる前に、どれほど多くの誤って有罪とされた人が死刑執行室に行かなければならなかったのかを想像することくらいしか、私たちにできることはない。

第5章

科学捜査の誤りと未来

The Failures, and Future, of Forensic Science

第3章で議論したように、目撃証人による犯人識別供述は、多くの人々が自覚する以上に、はるかに疑わしいことがある。しかし、犯罪番組の視聴者の誰もが、二一世紀の警察官や検察官は自由に使うことができる多数の現代的な科学捜査技術――その中には、DNA型鑑定や伝統的な指紋の比較だけでなく、毛髪分析、繊維分析、塗装分析、衣類分析、銃器分析、血痕分析、嚙み跡分析も含まれている――を有しており、それらの技術によって有罪か無罪かを科学的に証明できることを知っている。しかし、本当にそうだろうか？　DNA型鑑定を除いて、これらの技術のほとんどは、非科学的で、多くのあてずっぽうを含んでおり、たびたび冤罪を生んでいることが次第に明らかになってきた。例えば、一九八九年から全米冤罪登録が記録してきた二四〇〇件以上の冤罪のうち、六〇〇件近く、つまり二五パーセントが、誤ったあるいは誤解を招くような法科学的証拠に関連していた。

現在使われている科学捜査技術のほとんどの前身は、捜査に役立つ手段として警察の科学捜査研究所によって開発されたもので、本格的な科学とは言いがたいものであった。しかし、二〇世紀の最初の四半世紀から、これらの手段を使うことで獲得された情報は、高度な資格ある「科学捜査の専門家」とされる警察の科学捜査研究所の技術者（あるいは、時には普通の警察官）によって、刑事裁判に実質証拠として提出された。これらの「専門家」には、科学的な訓練を受けた者はほとんどいなかったが、それでもなお、自分たちの結論は「科学的に合理的な程度に確実なものである」と証言するのが一般的であり、このキャッチフレーズは、次第に彼らの証言が法廷で許容されるかどうかの鍵を握るようになった。こうした証言に、弁護団から反論が出ることはほとんどなかった。彼らは、そうした証言に異議を唱えるための科学的・技術的な訓練を受けていなかったのである。

一九八〇年代後半に、科学者が厳格な基準を適用することによってDNA型鑑定を発達させたことで、刑事司法制度とは別の文脈でこうした状況に多少の変化が起こり始めた。DNA型鑑定は、有罪か無罪かを証明する上で、それ以前のどの科学的手法よりもはるかに信頼できるものであることが証明された。また、DNA型鑑定は、有罪判決を下すのに役立つだけでなく、何百人もの重罪犯人の無実の罪を晴らすことにも役立った。彼らの多くは、誤った法科学的証拠に基づいて有罪判決を受けていた。

そのリーダー的存在が、一九九二年にピーター・ニューフェルドとバリー・シェックがカードーゾ・ロースクールで設立した「イノセンス・プロジェクト」である。第3章で述べたように、イノセンス・プロジェクトは、殺人や強姦などの重大犯罪で有罪になった（そして、平均して一四年間刑務所に服役した）三六〇名以上が実際には無罪であったことを法廷で証明するために、DNA型鑑定を使用してきた。これらのケースの四〇パーセント以上について、被告人の有罪を「証明」するために原審で提出された科学捜査に関する証言が、その後のDNA型鑑定によってはっきりと誤りであることが示された。実際に、DNA型鑑定は非常に優れていたため、他の法科学的証拠がいかにひどいものであるかを露わにした。

DNA型鑑定が刑事司法制度に導入されたことに引き続いて、一九九三年に合衆国最高裁判所は、連邦裁判官に科学的・法医学的証言の許容性を判断するゲートキーパーとしての責任を付与した。以前は、州裁判官も連邦裁判官も、こうした証言の許容性をいわゆるフライ・テスト（Frye test）を適用することで判断してきた。フライ・テストは、一九二三年のコロンビア特別区巡回区連邦控訴裁判所の「フライ対合衆国」事件判決に由来する。フライ判決は、専門家の意見が認められるためには、「それが属する特定の分野において一般的承認（general acceptance）を得たものであることが十分に確証され……よく知られた科学的原理ないし科学的発見から推論されたもの」でなければならないとした。

フライ判決では、裁判所は、この基準を適用して、ポリグラフ（嘘発見器）による証拠は、連邦裁判所で認められるほど信頼できるものとして十分に受け入れられてはいないと判示し、この立場は現在まで維持されている。しかし、他の例では、「一般的承認」基準はとらえどころのないものであることが明らかにされた。例えば、もし、ほとんどの指紋鑑定士が、指紋の比較は合理的な科学的確実性を伴った結果を出すことが可能な信頼できる技術であるとの見解に立っていた場合、そのことは、「それが属する特定の分野において一般的承認を得たものである」ことを意味するのだろうか？　ほとんどの裁判所は、「イエス」と答え、その結果、フライ基準は、たいていの種類の科学的証拠の提出をほとんどあるいはまったく妨げないことが分かった。

しかしながら、合衆国最高裁は、民事事件である一九九三年の「ドーバート対メレル・ダウ製薬会社」事件において、フライ・テストを無効にした。裁判所は、連邦裁判官は科学的（及びその他の専門家による）証言の許容性について、実際上、ニセ科学を排除するような、より積極的なアプローチをとらなければならないと判示した。この新しい基準では、裁判官は、科学的証言と称されるものの許容性を判断するために、その証言が反映する方法論が一般的承認を得ているかだけでなく、科学的検証の対象となったか、定評のある科学雑誌で査読されたか、既知の低い誤り率を有しているかどうかを調べなければならない。その結果、ゲートキーパーである裁判官によって、より綿密な調査が行われるように、または、裁判所がそれを意図するようになった。

当初、この裁判所の意図は、刑事事件では実現されなかった。ドーバート判決は明らかにフライ判決を進歩させるものであったから、最終的に三八の州によって同基準の全部または一部が採用されたほどであった。しかし、これらの裁判管轄内では、ドーバート判決に基づく専門家の科学的証言に対する異議申し立ては、民事事件ではかなりの割合で成功したものの、刑事事件ではほとんど成功しなかった。

その理由の一つが「資金」である。多くの刑事弁護人は、科学に関する専門知識がないため（多くの裁判官も同様であるが）、ドーバート判決に基づく異議申し立てを成功させるためには、科学の専門家を雇う必要がある。しかし、ほとんどの刑事被告人は困窮しており、国の費用で弁護人が与えられるものの、多くの裁判管轄では、科学捜査の専門家を雇うための追加資金は提供されない。さらに、そのような資金を原則的に利用できる裁判管轄であっても、多くの裁判所は、こうした目的のための資金の承認に関しては、出し惜しみをしているのが現状である。

また、刑事事件で国が提出する科学的証言に対する異議申し立てを成功させる際には、そのような証拠を認めることに賛成する多くの裁判官の無意識の偏見も障壁になる。特に、刑事事件の大多数が提起される州裁判所では、その傾向が強いと思われる。刑事事件の審理を担当する州裁判官の多く、あるいはほとんどは元検察官であり、彼らは、前職では、このような疑わしい科学的証拠を定期的に提出していた。

さらに、ほとんどの州では刑事裁判の裁判官は選挙で選ばれ、再選を望むのであれば、「犯罪に甘い」として知られるわけにはいかない。また、一部の州の裁判官は、テレビで見たような科学捜査研究所や科学捜査班（CSI）の証拠を国が提供してくれるだろうという陪審員の期待に敏感であり、そのような証拠を検察側から奪うことは、検察側の主張に重大な支障をきたす可能性があることを示す逸話もある。このような傾向や圧力に加えて、ほとんどの州では、刑事裁判の裁判官は事件で手一杯であり、真に精査されたドーバート審理を行う時間を確保するのは困難であるという紛れもない真実が加われば、刑事事件において科学的証拠に対する異議申し立てが成功するのは稀であり、しばしば非常に大雑把な理由で却下されるのも無理のないことである。

それでも、DNA型鑑定によって数多くの雪冤が果たされたことで、大勢の思慮深い人々が、科学的証言はより十分な精査に値すると確信するようになった。二〇〇五年末、連邦議会はこの問題を研究するよう全米科学アカデミー（NAS）に指示した。その結果、二〇〇九年に三五二頁からなる報告書が公刊された。この報告書は、科学者、大学教員、実務家からなる著名な委員会によって作成され、連邦控訴裁判官のハリー・T・エドワーズが共同議長を務め、「アメリカ合衆国における科学捜査の強化――前進への道（*Strengthening Forensic Science in the United States : A Path Forward*）」と題された。この報告書は、顕微鏡を使った毛髪照合、嚙み跡分析、繊維照合、筆跡比較、道具痕分析、靴跡・タイヤ跡分析、血痕分析など、これまで受け入れられてきた科学捜査の手法を厳しく批判している。同報告書が繰り返し批判したのは、これらの手法の有効性と信頼性を判断するための厳密な科学的検証がほとんど、あるいはまったく行われていない点、そして、これらの手法の使用が実際にはきわめて主観的なものである点であった。DNA型鑑定が登場するまで科学的証拠のゴールド・スタンダードとされてきた指紋分析でさえ、批判を免れなかった。報告書は、指紋分析は訓練された科学者による厳密で独立した検証を受けたことがなく、実践者による同分析の使用法の違いや欠陥がしばしば一貫性のない結果をもたらしたと指摘した。

ある悪名高い事例では、二〇〇四年にマドリードで起きた列車爆破テロに関連する起爆装置の袋から発見された指紋が、スペイン当局によって世界中の指紋データベースに送られた。これを受けて、FBIは、指紋の出所がブランドン・メイフィールドというオレゴン州の弁護士であると専門家によって確認されたと発表した。スペイン当局は懐疑的であったが、FBIはスペイン当局の考えを変えようと専門家の一人をスペインに派遣した。一方、FBIは、メイフィールドを二四時間、電子的に監視する権限を得た。そして二〇〇四年五月初旬、政府は彼が逃亡する可能性を察知すると、裁判所の許可を得て彼を逮捕・拘留した。また、彼の自宅、事務所、車両を捜索する令状も取得した。

しかしながら、二週間後、メイフィールドがまだ拘置所にいる段階で（罪には問われなかったが）、マドリード当局は、自分たちの専門家が当該指紋を別人であるウーナン・ダウドのものと結論づけたと発表した。メイフィールドは釈放され、ＦＢＩはスペイン当局とさらに数日間交渉した後、ついに起爆装置の指紋がメイフィールドのものと間違いなく一致するとの結論は誤りであったと認めた。

なぜＦＢＩは間違ったのか？　司法省の監察官によるその後の調査で、偏見、循環論法、間違いを認めたがらない姿勢など、多くの要因が関連していることが判明した。しかし、ＮＡＳの報告書が指摘したように、指紋鑑定には主観性がつきものであるという事実がなければ、これらの欠陥が一定の役割を果たすこともなかっただろう。そして、結論に至るまでに高度の主観が存在する場合、間違いは避けようがない。

確かに、ＮＡＳの報告書が指紋鑑定に見出した問題点は、同報告書が他のほとんどの形態の科学捜査に見出した問題点に比べれば、大きな問題ではない。同報告書は次のように結論づけている。「噛み跡、銃器や工具痕の鑑定といった多くの科学的証拠は、意味のある科学的検証、誤り率の測定、学問分野の限界を説明するための信頼性の検証を経ることなく、刑事裁判に導入されている」。

ＮＡＳの報告書の主たる勧告は、さまざまな方法論を厳密に検証し、その適用基準を設定するための独立した連邦科学捜査研究所の設立であった。私見では、これは理想的な解決策であったと思われるが、この勧告は、司法省から地元の警察組織、民間の科学捜査研究所に至るまで、あらゆる特別な利害関係者によって反対された。しかしながら、メイフィールド事件のような恥ずべき事態や連邦議会からの継続的な懸念の表明を受けて、司法省は、商務省（かつて標準局〔Bureau of Standards〕と呼ばれ、現在は全米国立標準技術研究所〔National Institute of Standards and Technology：ＮＩＳＴ〕と呼ばれる機関を所管している）と共同して、二〇一三年、科学捜査の取扱いの改善を勧告するために全米科学捜査委員会（National Commission on Forensic Science：ＮＣＦＳ）の設立に合意した。

ＮＣＦＳの三一人のメンバーは、検察官、弁護士、科学者、法医学者、研究所長、法律学の大学教授、州裁判所裁判官など、科学捜査に関係するほぼすべての利益団体を代表していた（委員会には、職権で連邦裁判官も一人含まれていた。私である）。その目的は、可能な限り、関係者全員のコンセンサスを得ることであった。このため、ＮＣＦＳは、政府に勧告を行うために、委員の三分の二が賛成票を投じることを義務付けた。

二〇一三年から二〇一七年までの設立後の四年間で、ＮＣＦＳは司法省に四〇回以上の勧告を行い、すべてではないにせよ、司法省はそのほとんどを受け入れた。例えば、八〇パーセント以上の委員が、科学捜査の専門家は自分たちの意見が「合理的な程度の科学的（またはその他の法医学の学問分野上の）確実性」を与えられたものであると証言すべきではないとの決議を承認した。なぜなら、「このような言葉には科学的な意味がなく、陪審員や裁判官に」科学的証拠が実際よりもはるかに強力で科学的であるという「誤解を与える」可能性があるからである。司法省はこの勧告を受け入れ、連邦検察官によって召喚される科学捜査の専門家に対する拘束力をもたせた。もっとも、多くの州では、依然としてこの非常に誤解を招きやすい定型的な証言を認めており、科学捜査の専門家の証言を許可する前に、この定型的な証言を義務付けている州さえある。

以上のことからも分かるように、NCFSの活動は、メンバーが期待していたほどのインパクトを各州に与えなかった。州によっては、司法省の勧告が連邦レベルで採用されても、それを無視したり、反対を表明したりした。特に、警察が後援する科学捜査研究所の多くは、NCFSの研究の多くを、科学捜査研究所の技法を改善するための努力ではなく自分たちの誠実さに対する攻撃と見なしていた。NCFSの勧告に最も好意的な反応を示したのは、科学捜査研究所の不祥事によって地域社会が変化を受け入れるようになった地域であった。例えば、テキサス州ヒューストンでは、警察の科学捜査研究所による一連の不正直で不誠実な慣行が明らかにされた。こうした慣行は、二〇一四年に、五一件の殺人事件を含む一八五件の刑事事件にたずさわってきた研究所のDNA型鑑定技師の一人が、不適切な手順を踏んでいただけでなく、結果を捏造し、公式記録を改竄していたことが発覚したことで終わった。表面的には、こうした不正はすべて、警察が「確かに」有罪だと考えていた被告人を有罪にする手助けのために行われた。この事態を受けて、ヒューストン市は、警察から完全に独立した新しい科学捜査研究所であるヒューストン法科学センターを設立し、将来のモデルとして広く評価されるようになった。しかし、ほとんどの地方自治体では、科学捜査研究所が依然として例外的な存在であることに変わりはない。

NCFSは別の困難にも直面した。NCFSには広範な利害関係者が参加していたが、全員の意見が一致するように進めていかなければならないとの前提条件が存在したため、NASの報告書が指摘した科学捜査が抱える二つの根本的な問題、すなわち、厳密な検証が行われていないこと、それに付随して、結果に至るまでにかなりの程度の主観性が存在することに、容易には対処できなかったのである。それでもなお、NCFSは、二〇一七年四月に任期が満了した時点では、これらの問題――特に、誤り率の問題――に着手しようとしていた。委員の大多数は、これらの問題を解決するために任期の更新を求めたが、新政権の司法省は、組織内で生じた改善を通してより良く進めることができると述べて、任期更新の考えをきっぱりと拒否した。

多くのオブザーバーによれば、これまでの記録を見る限り、この主張に対しては疑いがある。二〇一八年一一月に発表された司法省内部の科学捜査研究開発ワーキンググループの最初の公式成果物は、連邦の科学捜査の専門家による法科学的証言や説明のための新しい統一された用語を定めたことであった。NCFSの多くのメンバーやその他の人々は、――可能性や、誤り率、主観的な選択を反映したより微妙な陳述とは対照的に――「犯罪現場で発見された銃弾の痕と被告人のアパートで発見された銃の銃身内部の痕は同じ出所によるものである」というような断定的な陳述を避けるよう専門家に求めていたにもかかわらず、司法省は、断定的なアプローチを専門家に課した。カリフォルニア大学アーバイン校のサイモン・A・コール（犯罪学・法学・社会学の教授）の言葉を借りれば、司法省の新基準は、論理的でも科学的でもなく、「アメリカにおける科学捜査の改善に向けた進歩に逆行している」ことを示唆している。

司法省が断定的なアプローチを選んだ明らかな理由は、そのアプローチが陪審員に対して効果的だからである。このことは、科学捜査の改善を警察や検察に任せることの問題の核心を示している。警察や検察が科学捜査を改善させたいと切に願っていても、警察や検察として、彼らは優れた科学を悩ませるある種の認知バイアスに晒されているのである。言い換えれば、警察や検察が独自に有罪であると信じている者たちの有罪判決を裏付けるような結果を得たいという彼らの願望が、現在の技法の欠陥を見逃し、改善に懐疑的であり続け、自分たちのアプローチが偏っていて、非科学的で、あるいは不備があるという指摘に批判的になってしまう原因となっているのである。

特筆すべき展開があった。オバマ政権が終わる直前の二〇一六年九月、全米の主要な科学者で構成され、二〇〇一年から科学的な問題に関してホワイトハウスに助言を行ってきた科学と技術に関する大統領諮問委員会（President's Council of Advisors on Science and Technology：PCAST）は、「刑事裁判所における科学捜査——特徴比較法の科学的妥当性の確保（*Forensic Science in Criminal Courts: Ensuring Scientific Validity of Feature-Comparison Methods*）」と題する報告書を大統領に提出した。

同報告書は、最初に、科学捜査が、政府の基準に照らしても、いかに脆弱であるかを示すデータを調査した。その良い例が、専門家が犯罪現場で発見された人間の毛髪が被疑者の毛髪と比類なく一致するかどうかを判定できると断言する、顕微鏡による毛髪分析である。同報告書は次のように述べる。

二〇一二年から、司法省とＦＢＩは、顕微鏡による毛髪分析が関係する三〇〇〇件以上の刑事事件における証言について、前例のない見直しに着手した。二〇一五年に発表された最初の結果によると、ＦＢＩの鑑定人は、その証言が裁判で被告人に罪を負わせるために用いられた事件の九五パーセント以上で、科学的に正しくない証言を行っていた。

どうしてこうなったのだろうか？　最近の例を見れば、何が起こりうるかが分かる。二〇一九年三月一日に下された判決で、コロンビア特別区巡回区連邦控訴裁判所は、一九七二年のジョン・ミルトン・オースビーの殺人と強姦の有罪判決を覆し、彼の裁判で、「顕微鏡による毛髪分析の専門家」と称するＦＢＩ捜査官が、毛髪は「特定の個人に特有の」特徴を示し、被害者の遺体や彼女のアパートから発見された毛髪はオースビーの毛髪と「顕微鏡で見ると同一」であることをどのように証言したのかを詳細に説明した。しかし、裁判所は、「政府は現在、科学捜査の専門家の証言が偽りで誤解を招くものであったこと、また、オースビーの裁判の時点で、政府はそのことを知っていたか、知るべきであったことを認めている」と述べた。言い換えれば、捜査官は事実上嘘をつき、政府はそれと知りながら、あるいは不注意で、捜査官が嘘をついたことを許したのである。これらの重大な誤りをその後見直したことについては、ＦＢＩは称賛されなければならないが、他方で、こうした見直しは、オースビーの有罪判決から四〇年後の二〇一二年になるまでなされなかった。

そして、司法省は、これらの誤りを認めたにもかかわらず、重要ではないと判断し、オースビーの釈放に反対し、再審を求めた。彼の有罪判決が実際に覆されたのは二〇一九年末のことで、その時点で彼は四七年間服役していた。

全体として、PCASTの報告書は、NASの報告書と同様に、ほとんどの科学捜査は、厳密な検証の欠如と、科学捜査を信頼できないものにする過度な主観性に悩まされていると結論づけた。しかしながら、連邦議会は、独立した連邦科学捜査研究所を設立するというNASの報告書の勧告を達成しなかったため、PCASTの報告書は、全米国立標準技術研究所（NIST）が「現在の、そして新たに開発された法医学特徴比較技術の基本的妥当性を評価する」科学的研究に着手することを提案した。NISTは、州や民間の研究所はもちろん、司法省よりもこうした研究の結果に対する利害関係がはるかに少ないため、次善の選択肢と考えられていた。

PCASTの報告書は厳しい批判に晒され、特に、FBIや地元警察当局は、報告書が指摘するように、自分たちがいつも使っている科学捜査が根本的に疑わしいものであることを認めたがらなかった。さらに重要なのは、政権が交代したことで、NISTはより狭い範囲の問題については有益な仕事を続けているものの、報告書とその勧告がほとんど棚上げされたことである。さらに、新政権は、PCASTの役割を制限し、そのメンバーの多くを産業界から引き抜かれた人物に置き換え、ほとんど活動休止状態にした。

進展のない状況に対する一つの例外が、連邦司法からもたらされる可能性がある。PCASTの報告書は、ドーバート審理が事実上義務付けているにもかかわらず、ほとんどの連邦裁判官が科学捜査の許容性について意味のある審査を行っていないことを（私の見解では正しく）批判している。そこで、ＰＣＡＳＴの報告書は、連邦司法全体が、独自の諮問委員会や教育部門を通じて、連邦裁判官がこのような事件にもっと関与するよう奨励し、その方法について指針を提供することを提案した。科学捜査に関する提言は、二〇二〇年現在、連邦司法の関連委員会で検討されている。特に、これらの委員会は、連邦検察に対し、政府の科学捜査の専門家の意見だけでなく、その専門家がどのようなデータや方法に依拠して意見を出したかについても、裁判のかなり前に弁護人に開示することを義務付けるかどうかで議論を巻き起こしている。

また、いくつかの州裁判所でも進展があった。特にニューヨーク州では、新しい法律によって、検察官が提出するつもりの科学捜査の専門家の証言の根拠を起訴後のかなり早い時期に明らかにするよう義務付けている。ニューヨーク州の下級裁判所では、この情報開示がどこまで必要かについてまだ意見が分かれているが、予備的な報告によれば、ニューヨーク州は未だにフライ基準を遵守している数少ない州の一つであるにもかかわらず、新しい法律が義務付ける情報開示の充実と早期化によって、弁護人はすでに、従来よりも著しく多くの科学捜査に対する異議申し立てを行うようになっている。

これとは別に、科学捜査を改善するために、過度な費用や手間をかけることなく、今すぐにも実行可能な措置を提案したい。

1　科学捜査研究所を、警察や検察からより一層独立させることが可能である。警察や検察のパートナーと見なされるのではなく、客観性と独立性の気風を育むことができるはずである。

2　民間を含むすべての科学捜査研究所を、州及び連邦の認証評価要件に従わせることが可能である。すでにNCFSによって起草され、司法省によって部分的に受け入れられている科学捜査の専門家のための倫理規程についても、それらすべての研究所に適用し、強制力を持たせることができる。

3　科学捜査研究所による検証は「機械的」に行う、つまり、警察やその他の捜査当局が提供する偏った情報から自由になることができる。

4　裁判所は、当事者が選んだ中立性に欠ける専門家の代わりに、裁判所が任命した比較的中立的な専門家をこれまで以上に活用することができる。連邦法はすでに、そのような専門家を任命することを連邦裁判所に認めているが、それでも裁判官が任命することは非常に稀である。

5　裁判所は、疑わしい法医学的証言が一因となった刑事有罪判決の付随的（上訴後の）再審査（collateral review）に対する、裁判官による障壁を減らすことができる。例えば、多くの州では、被告人が裁判で法医学的証言の不備を争わなかった場合、たとえその不備が判明したのが何年も後であったとしても、その有罪判決が法医学的証言の不備の結果であったことを主張する権利を否定している。これとは対照的に、テキサス州の裁判所は、先に述べたいくつかの不祥事を受け、現在ではこのような異議を認めている。

これらの措置はいずれも、NASの報告書が提案した、より広範囲に及ぶ提案、すなわち、科学捜査をより純粋に科学的なものにするための基本的な検証を実施し、基本的な基準を公布する独立した連邦科学捜査研究所の設立に近づくものではないだろう。しかし、前述したように、こうした研究所に反対するさまざまな特別な利害関係者がいることから、世論が彼らにこうした提案を実行させるまでは、このような控えめな措置が最善の策かもしれない。

それと同時に、科学捜査技術は、その起源においては警察の捜査の単なる補助と見なされていたが、刑事司法制度では、正直なところ支持できないほどの重要性を持つようになった。科学捜査技術の結果は、裁判官、陪審員、検察官、弁護人に対して、正当性や信頼性があるかのように描かれているが、実際にはそうではない。フィクションの犯罪番組ならそのような嘘と共存できるかもしれないが、私たちの刑事司法制度はそうあるべきでない。

第6章
脳科学と法律——相容れない仲間たち

BRAIN SCIENCE AND THE LAW:
UNCOMFORTABLE BEDFELLOWS

第6章　脳科学と法律——相容れない仲間たち

この文章を読んでいる時、おそらくあなたは、自分以外の人には聞こえない内なる声が、頁上で目にする文字を言葉として繰り返すという体験をしていることだろう。その声（あなたの場合、完璧な英語を話している）は、私たちが顕在意識と呼ぶものの一部である。そして、頁上で目にしているものを同時に内なる声として発している身体器官は、私たちが脳と呼ぶものである。脳がどのように心と関係しているのかを科学的に研究することを、認知神経科学という。

脳は非常に複雑な器官であり、近代史の大半において、本格的な科学的研究を受け入れてこなかった。しかし、過去数十年の間に、脳スキャンと総称される、脳の特定の働きを観察できる種々の技術が発展したことで、脳の活動がさまざまな精神状態や行動とどのような相関関係にあるのかに関する知識はかなり増えてきた。

法律は、精神状態、特に意図、そして意図が行動にどのように関係しているかに深く関わっている。オリヴァー・ウェンデル・ホームズ・ジュニア裁判官の有名な言葉にあるように、「犬でさえ、つまずいた時と蹴られた時の違いが分かる」。法律上、意図の違いによって、刑務所に入るか釈放されるかが決まることは頻繁にある。認知神経科学は、意図がどのように到達し、実行されるかを認識し、決定し、説明するのに役立つと期待されている。したがって、理論的には、認知神経科学は、法律の発展と洗練に大きな影響を与える可能性がある。

しかし、立ち止まる理由もある。認知神経科学はまだ発達の初期であり、法律に関連しそうなもので、これまで登場したものの多くは、確信にはほど遠い仮説で構成されている。法律をより「現代的」で「科学的」なものにするために神経科学の驚異を利用しようとする先進的な人々の自然な衝動は、健全な懐疑的態度で和らげられる必要がある。そうでなければ、悲惨な結果が生じるだろう。実際、「脳科学」を使って法律を変えてきた歴史は、決して美しいものではない。いくつかの例を挙げてみよう。

二〇世紀初頭、代表的な「科学」といえば優生学で、とりわけ脳に関する遺伝子の理論を提唱した。優生学は、社会的ダーウィニズムに似た哲学的な側面も有していた（そして、偶然にも、ダーウィンの半従兄弟であるフランシス・ゴルトンが最初に発展させた）。優生学者たちは、ある種の有害な精神状態、特に「精神遅滞」が直接遺伝することを「証明」すると主張した。その結果、欠陥遺伝子の保有者が子孫を残すことを禁止することで、そのような不運な精神状態になる頻度を大幅に減らすことができると分かった。これは社会全体にとって有益であるだけでなく、精神遅滞を理由に悲惨で依存的な人生を余儀なくされる人々を減らすことにもなると考えられた。

この主張には説得力があり、また、その「科学的」根拠も魅力的であったため、優生学は瞬く間に、アレグザンダー・グラハム・ベル、ウィンストン・チャーチル、W・E・B・デュボイス、ハヴロック・エリス、ハーバート・フーヴァー、ジョン・メイナード・ケインズ、ライナス・ポーリング、セオドア・ルーズヴェルト、マーガレット・サンガー、ジョージ・バーナード・ショーなど、政治的領域を超えた多くの著名人の支持を得るに至った。アメリカの主要大学の多くは、優生学のコースをカリキュラムに組み込んだ。

優生学が広く受け入れられたことで、「精神遅滞」と思われる女性の強制不妊手術を許容する州法が制定される道も開かれた。当初、このような法律は論争を巻き起こしたが、一九二七年、「バック対ベル」事件という悪名高い裁判で、合衆国最高裁判所により、ほぼ全員一致で合憲と判断された。オリヴァー・ウェンデル・ホームズ・ジュニア裁判官は、八人の裁判官（ルイス・D・ブランダイス、ハーラン・F・ストーン、ウィリアム・ハワード・タフトなどの著名裁判官を含む）による多数意見を執筆し、事実上、ヴァージニア州議会が（優生学に基づき）心神耗弱は直接遺伝すると結論づけたことは正当であり、この事件における裁判所の認定は、原告のキャリー・バックだけでなく、その母親と非嫡出の子どもも心神耗弱であることを示していると判示した。それゆえ、バックの意思に反して不妊手術を施すことはまったく合法であった。なぜなら、ホームズ裁判官の言葉を借りれば、「心神耗弱は三世代で十分である」からだ。

二〇世紀前半、優生学に基づく法律を根拠に、五万人以上のアメリカ人が不妊手術を受けた。アドルフ・ヒトラーが『わが闘争（*Mein Kampf*）』の中で優生学を称賛し、ユダヤ人、ジプシー、同性愛者の根絶を正当化する根拠として繰り返し引き合いに出したことで、初めて優生学の背後にある疑わしい科学が広く批判されるようになった。

しかし、一九四〇年代に優生学が疑われ始めたのと同時に、新しい種類の「脳科学」であるロボトミーが法的に認められ始めた。ロボトミーとは、前頭葉前部の皮質（認知に最も関係する脳の部分）とそれ以外の部分（感情に関連が深い部分を含む）の接続を切断する外科的処置である。一九三〇年代にロボトミーが考案された当初から、患者の慢性的な強迫観念や妄想、その他の深刻な精神的問題を取り除く方法として歓迎され、実際、初めの頃はこうした結果が数多く報告された。また、ロボトミーは、本格的な科学の成果であるとも考えられ、ロボトミーの考案者であるポルトガルの神経学者のアントニオ・エガス・モニスが、その考案を評価されて一九四九年にノーベル生理学・医学賞を受賞するに至るほどであった。

ロボトミー手術は広く受け入れられ、アメリカ合衆国だけでも、一九四〇年から一九六五年の間に少なくとも四万件のロボトミー手術が実施された。これらのほとんどは裁判所が命令したものではなかったが、ロボトミーを健全な科学として受け入れた法律は、患者側に必要最低限の同意しか求めなかった。多くの場合、患者は少年であり、「同意」は患者の両親によってなされた。ロボトミーは、同性愛者に対しても行われた。同性愛者は、彼らの性的指向を理由に深刻な精神障害に罹患しているというのが、一九七三年までのアメリカ精神医学界の公式見解であった。

それでもなお、当初から、ロボトミー手術にはいくつかの欠点があった、あるいは、あったはずであることは明らかである。手術を受けた人の約五パーセントは、結果として死亡した。その割合を上回る人々は、感情的な生活が制限され、認知力が低下し、事実上、植物状態になった。しかし、こうした否定的な結果の多くは秘密にされた。例えば、ジョン・F・ケネディの妹であるローズマリーが、彼女が二三歳だった一九四一年に父親の命令で受けたロボトミー手術の結果、重度の精神的無能力になったことが広く知られるようになったのは、ケネディが大統領選に立候補して以降のことであった。

それでも、一九六〇年代初頭までには、ロボトミー手術に対する悪い噂が世間に漏れ出てきて、ロボトミーは公的な調査対象となったり、法的制限を受けたりするようになり始めた。最終的には、ほとんどの国でロボトミーは全面的に禁止されたが、アメリカや他のいくつかの国では、限られた状況下において、未だに合法である。

二〇世紀半ばのアメリカの法律は、ロボトミー手術を容認する一方で、精神医学全般、とりわけフロイト精神分析を積極的に採用していた。これは驚くようなことではなかった。アメリカ精神医学会（American Psychiatric Association）の元会長であるジェフリー・リーバーマン教授によれば、「一九六〇年までは、国内のほぼすべての主要な精神医学の役職が精神分析家によって占められて」おり、「精神分析のムーブメントは宗教の装飾だと考えられてきた」という。司法機関では、この宗教の元祖の最高司祭は、優秀で大きな影響力を持つ連邦控訴裁判所裁判官のデイヴィド・L・ベイズロンであった。

自ら精神分析を経験したベイズロンは、一九五〇年代から一九六〇年代にかけて、フロイトの概念と論法を法律に導入しようと努めた。例えば、一九六三年の「ミラー対合衆国」と呼ばれる強盗事件の意見において、ベイズロンは「精神分析と法廷における真実の把握（*Psychoanalysis and the Ascertaining of Truth in Courts of Law*）」というフロイトの論文を引用しながら、被告人は財布を盗んだ証拠を被害者に突きつけられてその場から逃げようとしたという事実から、裁判官や陪審員は被告人の有罪の自覚を推論すべきではないと示唆した。むしろ、「ジークムント・フロイトは、『無実にもかかわらず、あたかも有罪であるかのような反応を示す神経症患者によって、あなたは道を誤るかもしれない』と法曹界に警告している」とベイズロンは言う。もしフロイトがそう言ったのなら、それは正しいに違いない。

結局、ベイズロンがフロイト的な考え方を法律に導入するために用いた分析の多くは、法律として成り立たず、科学としても証明不可能であることが明らかにされ、そのような分析に基づく彼の最も重要な判決のいくつかは、時に彼自身の同意も得た上で、破棄された。

最終的に、ベイズロン自身も精神分析に幻滅することになった。一九七四年のアメリカ精神医学会での講演で、彼はある種の精神医学的証言を「魔術」であると公然と非難し、「精神医学の知識と実践が必要とされるケースほど、生産的で信頼できる専門家の証言を引き出すのが難しいケースはない」と付け加えた。しかし、ベイズロンやその他の人々のこのような態度の変化は、後にベイズロンが「精神医学の用語で表現された結論めいた陳述」（今日まで多くの裁判手続に残っている証言の一形態）であると非難したものを根拠に無能力と宣告されて精神病院に民事収容された、あるいは他の方法で権利を剝奪された何百人もの人々の役に立つにはあまりに遅かった。

これまでの章で述べた無実の人々の有罪判決にも影響を及ぼすため、以前は優れた脳科学と認められていたものが、どのように法律を誤った方向に導いてきたかについて、さらに最近の例を挙げておかなければならない。一九八〇年代から、著名な心理療法家たちの間で、幼少期の肉親によるレイプのような、過去のトラウマについての抑え込まれた記憶を「回復」させるための暗示的な技術を提唱する者が増えてきた。やがて一九九〇年代初頭には、アメリカで一〇〇人以上が、そのような取り戻された記憶に基づいて性的虐待で起訴され、これらのケースの大半では、他の証拠がほとんどなかったにもかかわらず、被告人の四分の一以上が有罪判決を受けた。

しかし、同時に、一九九〇年代初頭から、記憶の専門家であるエリザベス・ロフタス教授らによる慎重な研究が行われ、抑え込まれた記憶の回復を助けるために使われる技術の多くが、彼らに誤った記憶を植え付ける能力があることが明らかになり、その結果、この試み全体に疑問が投げかけられた。当初は抵抗もあったが、ロフタスをはじめとする真摯な科学者たちの研究は非常に厳密で説得力があったため、最終的には勝利した。しかし、回復された記憶の証拠に基づいて有罪判決を受けた者の多くが釈放された一方で、釈放されなかった者もおり、まだ刑務所に収監されている者もいるかもしれない。

法律がその時々の脳科学を採用するのが早すぎたり、また、放棄するのが遅すぎたりすることがしばしばあるように、法律が脳科学者に対して彼らが提供できる以上のものを求めることがあるのも事実である。例えば、重篤な精神障害者が精神科病棟や精神病療養施設、精神病院などに強制的に収容される民事収容のプロセスを考えてみよう。これらの施設(その多くは現在閉鎖されている)は、患者が自由に施設を出ることができず、管理者の命令に従わなければならないことから、刑務所のような側面もあるが、被収容者は、釈放が正当化できるくらい十分に治療が成功するまで期限を定めずに（場合によっては永遠に）拘束される点で、これらの施設への収容は、刑務所への収容とは異なる。さらに、収容は、陪審員による合理的な疑いを超える証明に基づく刑事上の有罪判決によってではなく、裁判官が、もっぱら精神医学的な証言に基づいて、収容に関する民事上の基準を満たしている可能性が高いと判断することによって行われる。

その基準とは何か？　一九六〇年以前のアメリカのほとんどの裁判管轄では、対象者が「（精神的な）治療を切実に必要としている」というのがその基準であった。精神科医の日常診療の大部分は、誰がどのような精神治療を必要としているかを判断することであったから、この基準は、ほとんどの精神科医にとって受け入れやすいものであるという利点があった。しかし、この基準は、裁判所や立法者を悩ませる曖昧さとそれに伴う恣意性を抱えていた。そのため、一九六〇年代半ばから、ほぼすべての裁判管轄において、特定の人物が精神的な問題によって、「自己または他人にとって危険である」という現在の基準に取って代わられることとなった。

実際のところ、この基準が意味しているのは、民事収容の審問で証言する精神科医は、その者が暴力を振るう可能性があるかどうかを予測しなければならないということである。しかし、精神科医に苦手があるとすれば、それは将来の暴力の予測である。実際、一九八〇年に合衆国最高裁判所に提出されたアミカス・クリエ意見書（amicus brief）の中で、アメリカ精神医学会は、学会員は暴力の予測について素人同然であることがしばしばあると報告している。そのため、「将来の危険性」についてのテストはあまり有用ではないと主張した。

その後、精神科医やその他の人々は、危険性を予測するためのより洗練された手段を開発しようと試みたが、大した成果は得られなかった。しかし、このテストは依然として有効であり、そのため、法律は、民事収容の審問で証言するよう求められた精神科医に、彼らが公式にできないと述べている予測を強いるのである。

明らかに、脳科学は、あるいは脳科学とされてきたものは、示された相互作用には注意を要することをほのめかしながら、法律に疑わしいインパクトを与えてきた。その結果、認知神経科学がもたらされた。近年、認知神経科学がかなりの進歩を遂げていることは疑う余地がない。これは、機能的磁気共鳴画像法（fMRI）、通称脳スキャンの発達によるところが大きい。fMRIでは、巨大な磁石を使って、さまざまな精神状態に相関すると思われる脳内の（鉄を含む）血液の流れの増減を観察できる。つまり、ある人が数学について考えている時は、脳のある部分に血液が流れ、セックスについて考えている時は脳の別の部分に血液が流れるのだ。法律が心の問題に焦点を当てていることを考えれば、神経科学者や少なくない数の法律学の教授が、神経科学は法律に多くのことを提供すると示唆してきたことは驚くべきことではない。

裁判官自身も同様の関心を示している。例えば、数年前、マイケル・S・ガザニガ教授（現代認知神経科学の父）や他のさまざまな寄稿者たちとともに、『神経科学に関する裁判官の手引き（*A Judge's Guide to Neuroscience*）』を出版するにあたり、連邦裁判官を対象に非公式な調査を行ったところ、「fMRIとは何か」から「神経科学は刑事責任について新たな洞察を与えてくれるか」まで、神経科学が法律に及ぼす可能性のある影響についてさまざまな疑問を持っていることが分かった。しかし、現代の神経科学がこれまで実際に法律に与えた影響を考えてみると、その実績はまちまちである。

神経科学の新たな進歩を個々のケースに適用しようとする試みのほとんどは、裁判所によって却下されるか、あるいはほとんど意味がないことが証明されている。例えば、いわゆる神経科学的嘘発見器について考えてみよう。証人が嘘をついているか、真実を話しているかを科学的に判断する方法は、一見したところ、法制度にとって大きな価値があるように思える。他方で、既存の嘘発見器であるポリグラフは、意図的に嘘をつくと発汗が増えたり、脈拍が上がったりすることを前提としているが、信頼性が低いことが証明されており、ほとんどすべての裁判所から禁止されている。しかし、意図的に嘘をつこうとたくらむことは、単に真実を話すのとは異なる脳の活動を引き起こすという不合理な仮説に基づき、一部の神経科学者は、嘘をつくことと相関する特定の脳の動きを検出できるかもしれないという仮説を立てた。

初期の研究は期待できるように思えた。脳スキャンを受けながら、参加者に簡単な質問（例えば、「あなたが見ているカードはスペードのエースですか」）に対してランダムに嘘をつくように求めたところ、嘘をついた時の脳活動（血流の増加によって測定）は、真実を話した時の脳活動よりも大きく、異なるものであった。しかし、これらの研究には、技術的にも理論的にも問題があった。例えば、参加者は脳スキャナー内で完全に静止していることになっていたが、非常に小さな（そして容易に検出できない）身体の動きでもスキャンに現れる脳活動の増加につながってしまったため、結果を混乱させた。

さらに重大なことに、これらの研究は、脳活動の増加が嘘をついた結果なのか、それとも参加者が実際に認知的に行っていたこと（つまり、ランダムに嘘をでっち上げる命令に従っていたこと）の結果なのかという疑問を解決するものではなかった。これらを含む多くの点で、こうした研究は、法廷証人が嘘をつくことに関係することとはかけ離れていた。

それにもかかわらず、初期の研究に基づいて、二つの会社が設立され、神経科学的な嘘発見器を一般に販売するようになり、そのうちの一社が、二つの訴訟でその証拠を法廷に提出しようとした。そのうちの一つであるニューヨーク州裁判所のケースでは、陪審員の信憑性を判断する権利を侵害するという理由で、その証拠は認められないと判示された。この根拠にはあまり説得力がない。陪審員には真実を判断する特別な能力はなく、日常生活で一般市民が行うのと同じ不完全な方法で真実を判断する。そのため、もし本当に陪審員が真実を判断するのに役立つ、十分にテストされた非常に信頼性の高い道具があれば、その結果は、例えばＤＮＡ型鑑定が陪審員の有罪・無罪の判断に役立っているのと同じように歓迎されるだろう。

しかし、テネシー州連邦裁判所で争われたもう一つのケースである、二〇一一年の「合衆国対セムラウ」事件では、同様に証拠は認められないと判示されたが、今回はより説得的な根拠が示された。本件では、政府から費用が払い戻される心理的なサービスを老人ホームの入居者に提供する、二つの事業を経営していた心理学者が、政府に三〇〇万ドルを水増し請求するために請求コードを操作したとして起訴された。被告人は、コードの操作の誤りは意図的なものではなかったと答弁した。この点に関して、弁護人は、神経科学的な嘘発見器の販売会社の創設者である神経科学者の証言の提出を求めた。その証言内容は、被告人を脳スキャナーに入れ、「これらのサービスをコード化して請求した時、政府を騙すつもりでしたか?」という形式の質問をした、というものであった。その専門家によると、被告人がこうした質問に「いいえ」と答えた時、脳スキャンの証拠は、被告人が正直であったことを示していたという。

専門家は、これらの質問が被告人に投げかけられた三回のセッションのうち一回で、脳スキャンの結果が嘘と一致したことを認めたが、これは被告人が他の二回のセッションでは見られなかった形で「疲労」していた結果だと主張した。しかし、裁判官は、この変則的な結果は、神経科学的な嘘発見器の有効性と信頼性に関する科学論文ですでに表明されている疑念を示すものであると判断した。したがって、裁判官はこの証拠を信用できないものとして排除した。

この例が示唆するように、認知神経科学は、かなりの注目を集めたにもかかわらず、特定の個人の特定の精神状態を検出し、測定するための、十分に検証された信頼できる手順を生み出すことが依然としてできない。もし、このような証拠が現在よりもはるかに発達する前に、法制度がそれを利用するとしたら、優生学、ロボトミー、精神分析、回復された記憶に関して生じたのと同じような、悲惨な間違いが再び起こるかもしれない。

しかし、過去数十年にわたる神経科学の著しい進歩が、法制度と何の関連性もないとは言い切れない。たとえ、個々の事件を解決する準備がまだ整っていないとしても、より一般的な結論の中には、法制度に影響を及ぼす広範な政策決定を行う上で役に立つものがあるかもしれない。例えば、思春期の子どもは大人に比べて衝動を抑えられないという一般的な見解について考えてみよう。神経科学は、なぜこのようなことが起こるのかを説明するのに役立つ。簡単に言うと、思春期になると、脳のいくつかの部位が急速に肥大化する。この中には、衝動的な活動に関連する部位が含まれており、少し遅れて、衝動の制御に関連する部位も含まれる。しかし、これらの部位間の結合は、肥大した部位間の伝達が十分に迅速に行われ、思春期の新たな衝動を抑えることができるようになるまで、(髄鞘形成と呼ばれる神経学的過程を経て)ゆっくりとしか拡充されない。これには、平均して一年以上がかかり、合衆国最高裁判所は、この点に関する研究を引用して、一八歳未満に死刑と終身刑を科すのは違憲であるとの結論を下している。その理由は、犯罪を実行した時点では衝動を制御する能力が不十分であり、この障害が時間とともに消失する可能性が高いからである。

他方、神経科学は、ある特定の思春期の青少年について、衝動制御がどの程度発達しているかを正確に判断するための検査が開発されるまでには至っていない。したがって、例えば、検察官が特定の思春期の青少年を成人として起訴すべきか少年として起訴すべきかを判断するのに、神経科学に依拠することはできない。繰り返しになるが、神経科学は法律の一般的な発展に役立つ洞察は提供できるかもしれないが、特定の事件の個人に関する証拠としては、あまり役に立たない段階にあるということである。

脳科学は、州及び連邦の刑事制度の多くを費消する薬物中毒の問題に対処するための法政策の発展にも役立つかもしれない。アメリカでは、薬物中毒者の処罰と治療の両方に毎年何十億ドルも費やしているが、最も洗練された治療プログラムの成功率は、プログラム中に薬物の再使用をしなかった元中毒者を基準にして測ると、五〇パーセントを上回ることはほとんどなく、さらに、プログラム終了後の再使用を基準に測ると成功率は相当に低い。

ほとんどの薬物中毒者は薬物をやめたいと思っているのに、なぜこうなってしまうのだろう？過去数十年にわたり、この問題に取り組むために、かなりの数の神経科学的研究が行われてきた。研究の多くは、依然として論争を巻き起こしているか、結論を出していないが、少なくともいくつかの研究結果は、神経科学界で一般的に受け入れられている。例えば、薬物中毒になると、脳の特定部位のシナプスが実際に変化する（そのため、薬物中毒者は「正常」だと感じるために薬物を摂取しなければならなくなる）との発見や、薬物中毒に伴う渇望は、時間の経過とともに、二次的なきっかけ（注射針を見た時やパーティー会場に戻った時）によって生じるようになるとの発見などである。

これらの知見は次のことを示唆している。第一に、依存症患者を薬物から解放し、離脱症状を克服させるだけでは、多くの場合、再依存を防ぐのに十分とは考えにくいこと、第二に、何年にもわたる薬物検査や、再使用の引き金となるきっかけを避けるための訓練や再訓練を含む、非常に長期的なプログラムは、短期的なプログラムよりも効果的である可能性が高いことである。

長期的なプログラムには非常に費用がかかるだろうが、現在、一部の薬物中毒者に繰り返し科せられている収監と短期治療プログラムを組み合わせた費用ほどではないだろう。また、こうしたプログラムがすべてのケースで機能するわけでもない。繰り返しになるが、神経科学は特定の個人についてよりも、集団全体についてより多くを語るのである。しかし、少なくとも、この問題に関する神経科学は、現在のアプローチが全体として成功する可能性が低いことだけでなく、その理由についても示しているように思われる。

それゆえ、神経科学は法制度に何かを提供するものであり、現在の急速な発展速度を考えれば、将来的にはさらに多くのものを提供するようになるかもしれない。しかしながら、現時点では、神経科学の進歩は、広範な政策イニシアチブを評価する上で有用な助けとなるかもしれないが、最新の神経科学的発見を法制度があまりにも迅速に受け入れることは、危険を孕んでいるかもしれないことを過去の教訓が示唆している。

第7章
高い地位にある重役が訴追を免れる理由

Why High-Level Executives Are Exempt from Prosecution

街頭犯罪などで起訴された数百万人のアメリカ人（主に有色人種）が大量に投獄されているのとは対照的に、高い地位にある企業の重役たちは、きわめて重大な詐欺に手を染めたとしても、ますます刑事訴追を免れるようになっているように思える。実際、連邦政府による企業の重役たちの訴追は、ここ数年で最も低い水準にある。特にひどい例を挙げると、二〇〇八年に始まった大不況の後の一〇年間、何百万人ものアメリカ人から仕事、財産、希望を奪った経済崩壊をもたらした役割のために訴追された高い地位にある重役は、ほとんどいなかった。

リーマンショックの責任は誰にあるのか。バブルと呼ばれるような無節操なリスク負担や、まさかの時のために十分な備えをしておかなかった軽率な、しかし無邪気な過ちの結果だったのか。それとも、少なくとも大部分は、健全なリスクと見せかけ、より難解な金融商品にパッケージし、その根本的な欠点を意図的に隠蔽した怪しげな住宅ローンの詐欺的行為の結果なのか。

もしそれが前者、つまり不況はどう間違っても、警戒心の欠如によるものだったのであれば、刑法はその余波に対して何の役割も果たさないだろう。なぜなら、（ここでは関係のない）一部の状況を除いて、刑事訴追という凶暴な武器は、意図的な不正行為に向けられるものであり、それ以外の何物でもないからである。もし、大不況が、高い地位にある重役による意図的な詐欺行為によるものでないならば、そのような重役を刑事訴追することは、最も浅薄で卑劣なスケープゴートに過ぎない。

しかし、それとは対照的に、大不況が意図的な詐欺の産物であったとすれば、責任者を訴追しなかったことは、長年にわたる中での刑事司法制度の最も重大な誤りの一つと判断せざるを得ない。実際、連邦検事が、過去五〇年ほどの間に、巨大な詐欺を組織した最上級の人物でさえも裁判にかけることに成功してきたのとは、驚くほど対照的である。

一九七〇年代には、大不況を招いた住宅ローン担保証券バブルの先駆けとなったジャンクボンド・バブル[*8]の余波の中で、ジャンクボンドの共同出資は信用に足る投資先である、と投資家に信じ込ませた、いわゆるジャンクボンドの帝王、マイケル・ミルケンに至るまで、詐欺の元締めがすべて首尾良く訴追された。一九八〇年代には、大不況が不気味な形で類似していた貯蓄貸付組合危機が発生し、その主犯格であり、複雑な取引によってリスクを偽装することにたけていたチャールズ・キーティングを含む八〇〇人以上の刑事訴追が成功した。また、エンロンやワールドコムに代表されるように、融資を売上に、損失を資産に偽装した一九九〇年代の広範な会計不正は、ジェフリー・スキリングやバーニー・エバースのような、それまで尊敬されていたCEOの訴追に直結した。

このような過去の訴追とは対照的に、リーマンショックに関連して見事に訴追された真に高い地

＊8　投資適格性が低いが、高い利回りのジャンク（ゴミくず）な社債。ミルケンによって、他の適格性の低くない（利回りも高くない）社債とパッケージにして売り出す仕組みが作り出され、投資家にハイリスクながらハイリターンをもたらし、それまで不況にあえいでいたアメリカ債券市場に活況をもたらす契機となった。

位にある重役は一人もおらず、適用可能なすべての犯罪の時効が到来していることを考えると、今後も起訴されないことは明らかである。なぜ、このような事態になったのか、また、長期的かつ超党派的な傾向として、重役を刑事訴追の対象から外そうとする動きがあるのか、検証する必要があるのではないだろうか。

一つの可能性は、すでに述べたように、不正が行われなかったということである。しかし、金融危機の検証を依頼された政府機関の意見はまったく逆である。例えば、金融危機調査委員会(Financial Crisis Inquiry Commision)は最終報告書の中で、金融危機の原因を説明する際に一五七回も「詐欺」という言葉を使い、責任だけでなく、倫理的行動にも「制度疲労」があったと結論づけている。

委員会が発見したように、不正の兆候はいたるところに見られ、住宅ローン詐欺の疑いがあるとの報告件数は一九九六年から二〇〇五年の間に二〇倍に増え、その後四年間で再び倍増した。二〇〇四年には早くもFBI副長官クリス・スウェッカーが、住宅ローン担保証券への旺盛な需要によって住宅ローン詐欺が蔓延していると公然と警告していた。金融界からの同様の警告は、その多くが無視されたが、それは不正確と見なされたからではなく、ある高い地位の銀行家が言ったように、「ビジネスを続けたいのであれば、鼻をつまんで決められた商品を買い始めるほかないという決断がなされたから」であった。

より一般的には、メルトダウンの後、危機は重要な点で、意図的な詐欺の産物であるという幅広いコンセンサスがあった。そして、多くの政府関係者が（後知恵ではあるが）指摘したように、その詐欺は単純なものであった。サブプライムローン（信用力に疑問があり、その弱点を隠すために偽装された住宅ローン）は、A、AA、あるいはAAAといった非常にリスクの低い証券として販売されていたレバレッジの高い証券の主要な担保となっていった。このように豚の耳を絹の財布に変えることは、その過程で誰かが偽装しない限り、成し遂げられない。

司法省の職員は当初、金融危機の根源を詐欺に求めることに慎重だったが、例えば、私が勤める裁判所やその他の裁判所で、大手銀行のいくつかに対して民事詐欺の訴えが提起されたことで示されたように、やがて彼らもこの分析に同意した。しかし、こうした詐欺を差配した銀行やその他の重役の責任を追及することはなかった。彼らは、三つの理由のうちの一つまたは複数を挙げて、その怠慢を弁解した。

第一に、このような大規模な詐欺に関与した銀行や企業の経営者側に詐欺的意図が浸透していたことを立証するのは、あまりにも困難であると主張した。確かに、経営トップが、怪しげな住宅ローンを担保にした債務担保証券やその他の証券を発行していた人物から数段隔たったところにいたのは間違いのない事実である。また、住宅ローンを設定した人たち自身が別の会社にいたことも多く、さらに離れていたことも事実である。

しかし、エンロンやワールドコムと同様に複雑な事件で、同じような反論が繰り返し斥けられ、克服されてきたのに、司法省が、これらの事件では、高い地位にある重役による詐欺の意図の立証をそれほど困難と見なしたことは、マンハッタン連邦検事局で企業詐欺の起訴を担当していた私には、驚きであった。例えば、前述のように、金融危機に至る数年間に急増した住宅ローン詐欺の、いわゆる疑わしい業務報告書は誰が作成していたのだろうか。銀行自身である。ある銀行幹部は、自行や他行で住宅ローン詐欺が増加している証拠を突きつけられ、なぜ自行の住宅ローン証券がAAAの格付けをとり続けたのかと尋ねたかもしれない。また、こうした不審な動きがあったにもかかわらず、その重役がそのように尋ねなかったとすれば、それは尋ねることで何が明らかになるかを知りたくなかったからではないだろうか。

これは、法で「故意の目隠し」または「意識的無視」と呼ばれるものである。[*9] 連邦検事が、陪審員に対して、少なくとも金融危機に至る出来事に関与したものと同じくらい難解な会計規則などの複雑な問題を含む詐欺についての高い地位にある重役の認識を推論するように求める根拠として確立している。また、連邦裁判所の中には、意図の証明に故意の目隠しアプローチを用いることに疑問を呈するところもあるが、最高裁判所は一貫してこれを認めている。最高裁は、最近でも、「グローバル・テック電器社対セブ社」事件判決（二〇一一年）で、次のように述べている。

故意の目隠しの原理は、刑法において確立されている。多くの刑事制定法は、被告人が認識をもって、または故意に行為したと証明することを要求しており、故意の目隠しの原理を適用する裁判所は、被告人が、状況によって強く示唆される重要な事実の明確な証拠から自らを意図的に遮蔽することで、これらの制定法の射程から逃れることはできないと判断している。

それゆえ、金融危機に先立つ不正行為を監督していた高い地位にある重役の意図を立証することが特に困難であったという司法省の主張には、疑問を抱く人もいるかもしれない。

第二に、さらに説得力に欠ける点として、司法省は、時折、住宅ローン担保証券の販売先である金融機関自体が世慣れた投資家であったため、彼らが（単に証券を第三者に押し付けるためにリスクを受け入れたのとは異なり）詐欺的な不実表示を合理的に信頼したと証明するのは難しいと主張した。このため二〇一三年に、司法省刑事局長のラニー・ブロイヤーは、住宅ローン担保証券の販売から生じた詐欺について、高い地位にある重役たちを訴追できなかったことを擁護するにあたって、PBS〔Public Broadcasting Service：アメリカの公共放送ネットワーク〕に次のように語った。

刑事事件では……、不実の陳述をしたことだけでなく、犯罪を意図していたこと、さらに取引の相手方がその陳述を信頼したことを証明しなければなりません。率直に言って、証券化や今回取り上げたような取引の多くでは、現実には双方に非常に世慣れた取引相手が存在します。

＊9　意図的に犯罪事実の認識を回避していた場合に、具体的な認識がなくても、本来であれば、認識していることが成立要件である犯罪についての刑事責任を認める判例法理。

そのため、本当は「スカイブルーだ」と言える場合に、一方が「ダークブルーだ」と言ったとしても、取引の相手方、つまりもう一方の世慣れた当事者は、その色の説明をまったく信用していなかったということもあるのです。

実際、これらの証券が電光石火で売買されたことを考えると、世慣れた取引相手でさえ、購入を求められ、健全で適切だと保証されていた難解で複雑な住宅ローン担保デリバティブ〔金融派生商品〕の問題点を見抜けたとは、到底思えない。しかし、上記の刑事局長の発言には、もっと根本的な問題がある。それは、法律を完全に誤解しているということだ。実際のところ、詐欺の刑事事件では、ある取引の当事者が他の当事者の言葉を信頼したことを証明する必要は決してない。その理由はもちろん、それでは不正な売り手に、世慣れた買い手であろうと不注意な買い手であろうと、無関係な目的で購入した可能性のある買い手と取引する時はいつでも嘘をつけるライセンスを与えてしまうことになるからである。しかし、刑法は、売り手が重要な事実について意図的に嘘をつくと、たとえ直接の買い手がその特定の事実を信じていなくても、そのような不実表示は、市場全体に問題を引き起こすことから、社会が損害を受けるとしている。そして、最近の金融危機ほど、疑わしい住宅ローン担保証券の販売が、市場や社会全体に大きな問題を引き起こした状況はなかったはずである。

司法省がこうした訴追をしなかった三つめの理由は、そうすること自体が経済に悪影響を及ぼすというものであった。二〇〇九年に、エリック・ホルダー司法長官は議会で、「もし訴追すれば、つまり起訴すれば、国民経済に、ひょっとしたら世界経済にも悪影響を及ぼすかもしれないという兆候を示された場合、訴追することは難しくなる」と語った。

富める者にも貧する者にも平等に法を適用することを誓う連邦裁判官にとって、この言い訳(時には「投獄するには大きすぎる」という言い訳のレッテルを貼られることもある)は、率直に言って、法の下の平等を無視する司法省の明らかな姿勢を示すものとして、不愉快である。ホルダー本人は、自らの発言を否定することはできなかったものの、後に誤解されたと主張した。しかし、その発言は、表面的に見ても、高い地位にある重役たちが訴追されないことの言い訳にはならない。理論的には、大銀行や大企業を起訴することは経済に悪影響を与えるかもしれないが(それすらも疑わしいが)、個人を起訴するだけで、経済全体に何らかの重大な影響を与えると真剣に言い張ることができる者は誰もいない。

おそらくホルダーは、司法省が疑いなくそうであったように、アーサー・アンダーセンのケース[*10]に対する副作用にも影響されたのだろう。しかし、個人を起訴するという話であれば、その言い訳はまったく的外れである。私の知る限り、金融機関そのものではなく、高い地位の重役たちの一人または数人が起訴されると、大きな金融機関が崩壊すると主張していた者は一人もいない。

これらの怪しげな主張は、司法省の官僚らが、金融危機を招いたすべての経営者が無実であるという立場に立っていなかったことを物語っている。むしろ、刑事訴追をしない言い訳をしていたのであり、その言い訳は、一見して、まったく説得力がない。だから、いったい何が起こっているのかと疑問が生じても仕方ない。

検察のトップが、過去に当該金融機関の代理人であった者、あるいは将来当該金融機関の代理人になることが予想される者であることが多いため、訴追されなかったという、いわゆる回転ドアの免責を推測する者もいる。この点は、多くの規制当局にとっての問題かもしれないが、少なくとも司法省の最も高い地位にある人たちに関しては、私はこれを否定したい。私の経験では、一線級の検事の多くは、自分の名を上げようとしており、そのための最良の方法は、高い地位にある者を何人か訴追することである。起訴された企業はほとんど和解してしまうが、キャリアを賭けた個人の被告人は裁判を受けることもある。そして、そのような裁判で政府が勝てば、通常そうであるように、検察官の評判が上がる。

確かに、大企業に寛容な政権もあれば、そうでない政権もある。また、過去に大企業経営者の弁護を担当したことのあるトップレベルの検事は、経営トップが不祥事をしっかり把握することの難しさをよく「理解している」のかもしれない。私が言いたいのは、回転ドアが特定のホワイトカラーの訴追を抑制するのにわずかな影響を与えるとしても、少なくとも高い地位にある個人を訴追する場合には、その訴追が成功した検察官とその上司に与える出世という利益によって、相殺以上のものとなるということである。

では、なぜ金融危機の後、このような訴追が行われなかったのかが、改めて問われることになる。

推測の域を出ないが、他の要因も含めて、そうした訴追を制限する効果を有すると思われる三つの影響を挙げておく。

第一に、検察にはほかに優先すべきことがあった。その中には、完全に理解できるものもあった。例えば、二〇〇一年以前、FBIは一〇〇〇人以上の捜査官を金融詐欺の捜査にあてていたが、九月一一日のテロ事件後、その多くが対テロ活動の仕事に移された。このことに異論を唱える者はいないだろう。しかし、その結果、二〇〇七年頃には、銀行から提出された五万件を超える住宅ローン詐欺の報告書を審査する捜査官は、わずか一二〇人になっていた。二〇〇八年のリーマン・ブラザーズ破綻後、空いていた詐欺の捜査を担当するポストに新たな捜査官が採用されたのは事実だが、詐欺の捜査は簡単に習得できるものではないし、その後の予算制限が問題をさらに深刻化させた。

もっとも、FBIは住宅ローン詐欺の捜査に大きな責任を負っているとはいえ、住宅ローン担

＊10　二〇〇一年に発覚した巨額粉飾決算事件であるエンロン事件に関連して、大手監査法人であったアーサー・アンダーセンの会計士が、顧客であったエンロン社に関する社内資料を意図的に破棄・隠匿したとして、会計士とともに、アーサー・アンダーセンが司法妨害罪で起訴された。二〇〇五年に、合衆国最高裁判所で、無罪判決が下されたが、第一審で有罪判決が出た影響が大きく、実質的に廃業に追い込まれた（川崎友巳「企業との起訴猶予合意・不起訴合意——企業の法令遵守体制構築を促す米国の実践」、『浅田和茂先生古稀祝賀論文集　下巻』成文堂、二〇一六年、二一三—二一五頁）。

保証券の販売における詐欺の主要な捜査機関ではなく、その責任は主に米国証券取引委員会（SEC〔U.S. Securities and Exchanges Commission〕）にある。しかし、金融危機の発生したまさにその時、SECはバーナード・マドフによる詐欺[*11]を発見できなかったことへの批判をかわすために、金融危機後に出現したほかの出資金詐欺や、最も立証が容易な資産の不正配分（顧客から資金を奪うなど）に焦点を当てるようになった。実際、コロンビア大学ロースクールのジョン・カフィー教授が繰り返し述べているように、二〇〇九年以降、出資金詐欺と資産の不正配分に関する事件はSECの主要な焦点となっている。より一般的には、予算の制約から、SECの予算に関係する連邦議会議員に、SECが提起した事件について大きな成功を収めていることを納得させるために、SECはますます打率を重視するようになった。高い地位にある重役たちに対する訴訟の成功はSECのイメージアップにつながるが、そのような訴訟を起こすために必要な大規模なチームを、訴訟の成功の保証もないままに最初から編成することは、はるかに問題である。

司法省は、二〇〇九年に金融詐欺事件の捜査を、高度な金融詐欺事件の捜査・起訴の経験がほとんどない多くの連邦検事局に分散させることを決定した。これは、大統領が金融危機を捜査する特別調査委員会を設置したことと関連しているが、その後、この調査委員会からの情報はほとんど聞かれなくなった。一方、この種の事件を最も得意とするニューヨーク南部地区連邦検事局は、すぐに起訴可能な事件の金鉱となり、同地区の証券詐欺部門が多大な関心を寄せていたラージ・ラジャラトナム氏のテープに起因するインサイダー取引事件の起訴に乗り出したばかりであった。

内部事情は持ち合わせていないが、同部門の元責任者としてあえて推測すると、金融危機に関連する事件は、インサイダー取引事件も担当する連邦検事補に振り分けられたのではないだろうか。起訴間近で、注目を浴びる裁判になるかもしれないインサイダー取引事件と、始まったばかりで何年もかかり、起訴される保証すらない金融危機の事件とでは、どちらに検事補が関心を払うだろうか。検事補はインサイダー取引事件に全力を注ぎ、運が良ければ正式審理になり、勝訴し、多くの場合、その後大手法律事務所に就職する。そして、その過程で、金融詐欺事件は、混迷の中で忘れ去られてしまうだろう。

要するに、リーマンショックの直後、あるいはそれ以降、高い地位にある個人に対する金融詐欺事件が訴訟を提起されなかった理由の一つは、とりわけ、そうした事件が、成功の保証なしに、捜査のために長い年月と多くの捜査官、そして多くの専門知識を費やすゆえに、まったく異なる優先案件に焦点が当てられたことにあると述べておく。

＊11　一九八〇年代後半から、ウォール街で最も成功した投資家の一人として、名をはせていたマドフが、自らの投資会社で投資家から資金を集めていた仕組みが、ポンジ・スキーム（出資金詐欺）であることが発覚し、二〇〇八年にマドフが逮捕され、最終的に投資詐欺などで有罪を言い渡された事件。その被害は、アメリカ史上最大で、六五〇億ドルにのぼるなどと報じられている（アダム・レボー『バーナード・マドフ事件――アメリカ巨大金融詐欺の全容』副島隆彦監訳・解説、古村治彦訳、成甲書房、二〇一〇年）。

しかし、このように裁判が起こされなかった、しかも、あまり健全ではない、第二の理由は、金融危機を引き起こした根本的な状況への政府自身の関与である。実際に、政府は、怪しげな住宅ローンの認可を促すような状況を作り出す上で、明らかに重要な役割を果たした。住宅ブームが始まる前から、銀行の証券取引を禁じていたグラス・スティーガル法を廃止したのは、議会という形をとった政府だった。廃止以前は、銀行は住宅ローンを長期的金利による収入源と見なしていて、住宅ローンの融資には慎重だった。しかし、廃止後、銀行は重点を移し、住宅ローンのプールにおける利息の取引から、より大きな利益を得るために、それらのプールの証券化に深く関与するようになった。そのため、銀行が住宅ローンの健全性を綿密に監督するインセンティブは大幅に低下し、銀行はその代わりに、新たなプールを形成するのに十分な新しい住宅ローンを供給してくれる第三者の住宅ローン仲介業者に依存するようになった。グラス・スティーガル法の廃止によって、この優先順位の変化をもたらしたのは、政府であった。

銀行規制緩和を促し、SECだけでなく、いずれも財務省の貯蓄金融機関監督局（Office of Thrift Supervision）や通貨監督局（Office of the Comptroller of the Currency）など、さまざまな銀行監督機関の権限と監視を弱めたのも、行政府と立法府の両方の形をとった政府だった。住宅ローンを奨励するために、ある程度金利を低く抑えていたのも連邦準備制度理事会（FRB）という形をとった政府だった。以前は住宅ローンを組むにはリスクが大きすぎると見なされていたような所得の低い個人にもローンを組むよう銀行に強く勧めたのも、行政府という形をとった政府だった。こうして二〇〇〇年には、住宅都市開発省（HUD）のアンドリュー・クオモ長官が、ファニーメイ〔連邦住宅抵当公庫〕とフレディマック〔連邦住宅金融抵当公庫〕として知られる政府系機関が購入する低所得者向け住宅ローンの割合を五〇パーセントに引き上げ、二〇〇七年に住宅市場が崩壊し始めた時点で、住宅ローンの半分以上がサブプライムであるという状況を生み出す一助となった。

また、住宅ローンを組む条件として、重要な書類を要求しない傾向がますます強まり、この点で住宅ローンの質と借り手の返済能力を保証するために設けられた州の規制をしばしば先取りしたのも、ほぼ全面的に政府だった。実際に、二〇〇〇年には、金融引受に関する州の規制を先取りするキャンペーンを成功させたばかりの貯蓄金融機関監督局が、自らの引受規制を完全に撤廃した。その結果、後に「嘘つきのローン」として知られるようになった住宅ローンが生まれた。それらのローンはますますリスキーになっていったが、銀行は証券化で儲けていたので気にすることはなかった。そして政府は、好景気を作り出し、有権者がマイホームを持つ夢を実現する手助けをしていたのだから、何を気兼ねすることがあっただろう。

さらに、政府は金融危機の余波にも深く巻き込まれた。中でもバンク・オブ・アメリカとメリルリンチ、J・P・モルガンとベアー・スターンズの強制的な結婚を提案したのは政府だった。そのプロセスでミスが生じ、負債が開示されなかったとすれば、それは政府の責任でもあるのではないか。規制当局は救済した金融機関の責任を追及する努力をほとんどしなかったという、政府による不良資産救済プログラム（TARP）の監督を担当したニール・バロフスキー元特別監察官の見解を採用する必要はないが、住宅ローン担保証券市場で不正が蔓延しているように見える状況を作り出す手助けをした政府が、その被疑者を許す用意をしすぎたのではないかと考える者もいる。

どうか誤解しないでもらいたい。私は、金融調査危機委員会などが指摘した詐欺的な行為に、政府が故意に関与したと言っているわけではない。ただ、私が示唆しているのは、政府が最初から最後まで、そのような詐欺につながりかねない状況を作り出す手助けに深く関与していたということ、そして、このことが、賢明な検察官に、政府の意向をまんまと信じて行動したに過ぎないと主張する可能性のあるCEOを起訴するかどうかを決める際に、躊躇を覚えさせることになるだろうということである。

また、トランプ政権が、（特に銀行の）全面的な規制緩和を強力に推し進めている現状を考えると、政府は金融詐欺が蔓延するような状況を再現しようとしているのではないかという疑問もある。

最後に挙げるのは、この三つの要因のうち最も微妙で、かつ最もシステマティックなものであり、最も重要なものである。それは、過去二〇年以上の間に起こった、高い地位の個人を訴追することから会社や金融機関を訴追することへの焦点のシフトである。確かに検察は一〇〇年以上前から会社に対する起訴を行ってきたが、比較的最近までそうした訴追は例外であり、経営陣の訴追を伴わない会社の訴追はさらに稀であった。

その理由は明らかだ。会社が犯罪を実行するのではなく、その代理人（agents）が犯罪を実行するのだ。そして、会社は、そのような犯罪によって利益を得るかもしれないが、会社を訴追すれば、必然的に、何の関係もない多くの従業員や株主を直接または間接に処罰することになる。さらに、合衆国のほとんどの法域の法では、少なくとも一人の管理職にある代理人が問題の犯罪を実行しない限り、会社は刑事責任を問われない。では、なぜ実際に犯罪を実行した代理人を訴追しないのか。

しかしここ数十年、検察は会社を訴追することにますます魅力を感じるようになり、一人も起訴しないことも少なくない。この変化は、企業文化を変革し、将来このような犯罪を防止する試みの一環として合理化されてきた。結果として、政府の方針は「訴追延期合意」、あるいは「不訴追合意」という形をとり、会社が、刑事訴追の脅威の下で、将来の不正行為を防止するために、さまざまな予防的措置を講じることに合意することになった。このような合意は、先に述べたラニー・ブロイヤー司法省刑事局長の言葉を借りれば、「ホワイトカラー刑事法執行の主力」となっており、同省は過去一五年間に二五〇件以上のこのような合意を締結している。しかし、実際には、このようなやり方は検察の側のいい加減で怪しげな行動を招き、有害な結果をもたらしていると、私は思っている。

もしあなたが検察官で、明らかな金融詐欺について責任のある個人を突き止めようとするなら、マフィアや麻薬王を追うのと、ほぼ同じ方法で仕事を進めることになる。つまり、末端から始めて、何か月も何年もかけて、ゆっくりと上を目指していくのだ。具体的には、一つ以上の重要な不実表示を行った直接的な責任はあるが、刑期を短縮するために協力する意思があり、おそらくは盗聴器を身に着けること（すなわち、同僚を密かに録音すること）もいとわない、低位または中位の詐欺の関与者を「翻意」させることから始める。彼の協力と、ホワイトカラーへの事案で現在適用されている厳しい拘禁刑に助けられ、あなたは出世する。

しかし、会社を訴追することを優先するのであれば、シナリオは変わってくる。捜査の初期段階で、あなたは会社を訪ね、詐欺の疑いがある理由を説明する。すると担当者は、会社は協力し、正しいことを行いたいと考えており、そのために元連邦検察官で、現在は著名な法律事務所のパートナーである弁護士を雇い、内部調査を行わせると回答する。会社の顧問弁護士は、会社自身の内部調査の結果をあなたと共有することを条件に、内部調査が終わるまで、あなたの捜査を延期するよう要請する。時間と資源を節約するため、あなたは同意する。

半年後、会社の顧問弁護士が、会社は過ちを犯したが、現在それを是正する意向であることを示す詳細な報告書を持って、戻って来る。そしてあなたと会社は、会社が、経費のかかる内部的な予防措置の強制と、即時の制裁金の支払いと結びついた訴追延期合意を結ぶことで合意する。現実的には、この事件はこれで終結する。あなたは将来の犯罪防止に役立ったと思うのでハッピーだし、会社は壊滅的な起訴を免れたのでハッピーだ。そしておそらく最もハッピーなのは、実際に発端となる不正行為を働いたにもかかわらず、無傷のままに置かれた重役や元重役たちであろう。

金融危機後、このような特有のやり方が定着した。銀行やその他の金融機関には、高額なコンプライアンス・プログラムとあわせて、ますます多額の制裁金が課されるようになったが、実際に詐欺を働いた人間や、さらに悪いことに、その実行を監督した者は放置された。この傾向は政権に関係なく続いているため、前述のように、企業の重役たち全般に対する連邦政府の訴追は、ここ数十年で最低の水準にある。

私は、これは最善の方法ではないと考えている。会社の責任を追及することは、一応は、将来の犯罪を未然に防ぐことになるため正当化されるが、個人を訴追することに成功した場合の将来の抑止力は、多くの場合、見せかけに過ぎない内部的なコンプライアンス対策を課すことによる予防的な利益をはるかに上回ると私は考えている。そして、高額の制裁金であっても、詐欺から得られる利益の額に達することはほとんどないため、単なるビジネス上のコストとなってしまうのである。

これは私だけの意見ではない。二〇一四年、ブランドン・ギャレット教授（現デューク大学ロースクール）は、『投獄するには大きすぎる（*Too Big to Jail*）』というタイトルで、一九九六年以降のすべての連邦企業刑事訴追合意（不起訴合意や訴追延期合意を含む）に関する決定的な研究と広く見なされている著書を出版した。第8章で述べるように、ギャレットは、一部の大手銀行や大企業が次々と訴追延期合意――制裁金とコンプライアンス措置の強化によってさらに「処罰」されるだけで、高い地位にある個人は訴追されない――に違反するという高い再犯率が存在すると結論づけた。

会社の責任を追及することは、技術的にも道徳的にも疑わしい。というのも、法律上、会社を訴追したり、訴追すると脅したりするのは、その会社の経営陣が犯罪を実行したと合理的な疑いをもって証明できない限り許されないが、もしその証明ができるなら、なぜ経営者を起訴しないのかとなるからだ。また、道徳的な見地からしても、訴追されていない個人が実行した犯罪のために、会社、そして多くの無関係な従業員や株主を処罰することは、道徳的責任に関する初歩的な概念に反するように思われる。

多くのオブザーバー（特にエリザベス・ウォーレン上院議員）によるこのような批判は、やがて世論の十分な反発を招き、オバマ政権末期には、サリー・イエーツ司法副長官がイエーツ・メモランダムと呼ばれるものを発表し、会社だけでなく個人の訴追にも重点を置くよう指示した。しかしこの頃には、金融危機に起因する詐欺罪のほとんどが時効を迎えていたため、このメモランダムはむしろ、他の将来の詐欺をどう扱うかについての示唆となった。さらにその直後、イエーツはドナルド・トランプ新大統領によって解雇され、現在の司法省は、外資系企業の幹部でもない限り、高い地位にある個人を追及することにあまり意欲を示していない。

今にして思えば、多くの罪のない人々に多大な経済的・社会的災難をもたらした金融危機は、詐欺的な不正行為の産物であったように思えてならない。このような巨大な詐欺の責任者を裁くことを政府が意図的に怠ったことは、私たちの検察制度の脆弱性を物語っている。この脆弱性は、一九六五年から一九九五年までの期間には通例行われていたような、有責な高い地位の重役たちの訴追に立ち戻ることで容易に修正できるはずである。他の点では非常にアグレッシブな私たちの刑事司法制度が、企業の盾を利用することができる者たちに通行許可証を与えているという結論を避けることは難しい。

第 8 章
司法の延期は正義の否定
Justice Deferred Is Justice Denied

第7章で述べたように、司法省は、実際に犯罪を実行した個人を訴追するのではなく、犯罪によって利益を得た会社と訴追延期合意を結ぶことによって、高い地位にある者による企業犯罪に対応することが多くなっている。個人を訴追することと、その会社と予防的な合意を結ぶこと、この両方を行うケースもあり得るが、実際には後者が前者に取って代わっている。したがって、企業の刑事訴追延期合意について詳しく調べること、すなわち、何であれそれらが何を成し遂げているかを見ることには価値はある。

いわゆる訴追延期は、少年犯罪者を救済する方法として一九三〇年代に編み出された。犯罪で起訴された少年は、そのような犯罪者を再教育するためのプログラムに参加する間、訴追を延期してもらうことに検察官と合意した。そのプログラムを無事に終了し、一年間、他の犯罪を実行しなければ、起訴は取り下げられた。

おそらくフォーチュン五〇〇に名を連ねる企業と非行少年との類似性は、明白とは言いがたい。それにもかかわらず、一九九〇年代初頭に始まり、それ以後頻度を増して、連邦検察は大手企業や大手金融機関と訴追延期合意を結ぶようになった。典型的な取り決めでは、政府は、会社が制裁金を支払うことに加え、将来のそうした犯罪を予防し、企業風土を改善させることを目的としたさまざまな予防措置を導入することに同意すれば、さまざまな連邦重罪に対する訴追を延期することに同意した。こうして訴追が延期された犯罪には、証券法、銀行法、反トラスト法、反マネーロンダリング法、食品医薬品法、海外腐敗行為防止法、連邦刑法全般の多数の条項違反の重罪が含まれていた。

　企業犯罪に対するこのアプローチの知的起源は、少なくとも一九八〇年代まで遡ることができる。当時、さまざまな学者が、「スーツを着た人々の犯罪」を抑止する最善の方法は、企業内に倫理的かつ責任ある行動をとる文化を醸成することであると提言していた。実際には、これは、会社が社内で倫理的な研修を行うだけでなく、内部的コンプライアンス・プログラムを充実させ、責任ある行動が称賛され、不祥事が取り締まられるように奨励することを意味した。このアプローチは一部の企業（特にゼネラル・エレクトリック社の顧問弁護士ベン・ハイネマンの指導の下）だけでなく、合衆国量刑委員会にも支持された。同委員会は、一九九一年に企業量刑ガイドラインを公表する際、会社の事前の内部的コンプライアンス・プログラムが全体的に適切かどうかを、連邦刑法の違反で有罪となった会社に科される罰金額を（最大六〇パーセント）減額するための最も重要な要素とした。

　そして、司法省はさらに一歩踏み込んで、その後二〇年以上にわたって発出された一連のメモランダムの中で、有意義な内部的コンプライアンス・プログラムの有無を、従業員による犯罪について会社を訴追するかどうかを決定する際の重要な考慮要素とした——その理論とは、企業がすでに優れたコンプライアンス・プログラムを導入していれば、従業員の犯罪は異常なものであり、企業の無責任さを反映するものではなく、その一方で、優れたコンプライアンス・プログラムが存在しなければ、犯罪に対する企業の態度がだらしないことを示すというものであった。

　しかし、同省はそれだけにとどまらなかった。トンプソン・メモランダム、マッカラム・メモランダム、マクナルティ・メモランダム（いずれも担当司法副長官の名前にちなんで命名された）において、同省は、企業を起訴するか否かを決定する際に考慮すべきもう一つの重要な要素として、犯罪発覚後に「効果的な企業コンプライアンス・プログラムを実施したり、あるいは既存のプログラムを改善したりするためにとられたあらゆる努力」を挙げたのだ。このため、訴追の回避に失敗した会社の顧問弁護士は、不正の疑いに対する最善の対応は、会社（および不正に無関係のその株主や従業員）を処罰することではなく、より厳格なコンプライアンス・プログラムを導入する間は訴追を延期し、それが成功した時点で起訴を取り下げ、改善させることであると主張し、ますます大きな成功を収めた。

これが浸透するまでにはしばらく時間を要したが、近年では訴追延期合意は一般的なものとなり、二〇〇八年から二〇一八年までの一〇年間に司法省は大手企業や金融機関と二五〇件以上のこのような合意（いわゆる不訴追合意、つまり承認を得るために裁判所に提示すらされなかった訴追延期合意を含む）を結んだ。そして、その傾向は現政権になっても続いている。例えば二〇二〇年、司法省はウエルズ・ファーゴ銀行との間で、偽の銀行口座を大量に作った件で訴追延期合意を結んだ。

これらの協定のほとんど（すべてではない）に共通する三つの特徴は、制裁金の支払い、従業員に対する倫理研修の導入、そして通常「効果的なコンプライアンス」や「適切なデュー・ディリジェンス〔適正評価手続〕」といった一般的な言葉で説明される、新たな、または改良されたコンプライアンス・プログラムの実施であった。さらに一歩進んで、訴追延期を受けず、全面的に有罪を認めることで合意した企業との間でも、これら三つの特徴が司法取引書面の特徴となっていった。

第7章で述べたように、ブランドン・ギャレット教授は二〇一四年に出版した著書『投獄するには大きすぎる』の中で、一般的な企業の刑事訴追とともに、それまでに行われた企業の訴追延期について詳細かつ包括的な検証を行い、全体として効果がなかったと結論づけた。ギャレットによれば、企業の訴追における「二一世紀の大きな物語」は、「検察は現在、従業員の犯罪を探知および防止するシステムを導入し、より広くは会社の内部に倫理観と誠実さを育むよう支援することで、会社を改善させようとしている」ということである。しかし、ギャレットは、彼自身の丹念な証拠収集（司法省も他の政府機関も、そのような合意が長期にわたってどのように実施されたかについて詳細かつ完全な記録を保持していない）に基づき、そのような合意の多く、おそらくほとんどが、会社自体の構造改革や倫理改革を有意なものにできていないと結論づけている。同時に、そのような合意は、会社の不祥事に実際に責任を負っていた人物の身元を不明瞭にする傾向がある。

このような失敗を説明するために、企業の刑事訴追と訴追延期合意の根底にある前提を検討することは有益であろう。

そもそも、一般的な問題として、企業に対する刑事訴追は有意義であるという前提がある。これは自明とは言いがたい。ギャレットが一応指摘しているように、「合衆国が長い間連邦裁判所で採用してきたような広範な企業の刑事責任の基準を持つ国は海外にはほとんどない」のである。なぜそうなのかと思うかもしれない。結局のところ、それは、会社は従業員を通じてのみ行動することができ、したがって、これらの国のほとんどが信じているように、従業員を雇用した会社よりも、責任のある従業員を訴追する方がより適切であるという、これらのほかの国々の認識に基づいている。

これに関連して、企業の刑事訴追は必然的に、刑法の目的とは相反すると思われる付随的な結果をしばしば引き起こす。企業は刑務所に収監されることはないため、主な罰則は通常罰金であり、刑事罰は通常保険でカバーされないことから、罰金にかかる費用は企業の財務から支出され、一般的に、基となった犯罪行為とは無関係である会社の株主が最終的に負担することになる。加えて、罰金額が大きければ大きいほど、会社は（市場が許せば）価格上昇を通じて無関係な消費者にコストを転嫁しようとするのは言うまでもないが、同様に無関係の従業員の多くを解雇しなければならなくなる可能性が高くなる。罪のない人々を罰するために、なぜ刑法が使われなければならないのだろうか。

無関係の株主でさえ、不正行為の受益者であることが多いと言えるかもしれない。例えば、彼らが株式を保有する企業の詐欺によって株価が上昇した場合などである。しかし、詐欺が露見した場合、概して、株主の株価は下落し、そうでない場合でも、会社は通常民事訴訟を提起されるため、株主が詐欺から得る利益はさらに減少する。会社を訴追すれば、株主は新たな経営陣を要求するようになるという議論については、ホワイトカラーの検察官、弁護人、裁判官として過去五〇年近くにわたる私の経験では、経営者自身が訴追された場合を除き、このようなケースはほとんどない。

（一部の同族会社や親密な持ち株会社の場合のように）会社が詐欺の隠れ蓑に過ぎず、解散に値するために、責任ある個人を起訴するだけでなく、会社を起訴することが有意義な場合もありえるだろう。犯罪が会社の利益のために、会社の上級管理者によって行われ、その管理者も訴追されるのであれば、会社の訴追は正当化されると主張する者もいるだろう（私はそうは思わないが）。この可能性は、五〇州のほとんどの州法で認められており、これらの州の多くで採用されている模範刑法典によれば、会社の刑事訴追は、「犯罪の実行が、取締役会または会社のために職務または雇用の範囲内で行動する上級管理者によって許可され、要求され、指示され、実行され、または無謀にも容認された」場合に限定される。

しかし、企業の刑事責任に関する連邦法は、はるかに広範囲に及んでいる。連邦法では、たとえ下級の従業員であっても、雇用の過程で企業に利益をもたらす犯罪行為を実行した場合、企業は刑事責任を問われる可能性がある。したがって、連邦法による企業の訴追は、延期されたものであれ、そうでないものであれ、責任ある個人の訴追を伴うのが普通だと考えられそうだ。しかし、特に大企業が関与している場合は、そうでないことが多い。むしろ近年、連邦政府は、従業員が起訴されず、刑事責任を問われることとさえない企業訴追を数多く行っている。

訴追延期の場合は特にそうである。ギャレットによれば、「訴追延期または不訴追合意と公開会社が関係するケースの約三分の二では、会社は罰せられたが、従業員は誰も訴追されなかった」。このことは、司法省が自らのレトリックによって、これらの合意の主なポイントは企業文化を変えることであり、そうすれば会社のあらゆるレベルの従業員が将来会社関連の犯罪を実行することを思いとどまるようになる、と説得されてきたことを示唆している。

しかし、このことは、「企業文化」とは何を意味するのか、それをどのように変えることができるのか、仮にできるとして、訴追延期は効くのかなど、多くの問題を提起している。ギャレットは主に後者の疑問に焦点を当て、ほとんどの企業訴追合意は適切に執行されておらず、おそらくその結果、企業側の再犯が多いのだと論じている。しかし、私たちはまず、「企業文化」とは何を意味するのか、そして、それをどう変えることができるのかについて、分かっていることがあるとすれば何なのかを明確にする必要がある。

「企業文化」という言葉は非常に曖昧で、それに関する社会学的研究は一貫性がなく、しばしば難解な専門用語に包まれている。無責任な行為は許されないと従業員に伝えていない大企業はなく、実質的なコンプライアンス・プログラムを持たない企業はほとんどない。では、企業の量刑ガイドラインやほとんどすべての訴追延期合意の根幹にある、「実質的なコンプライアンス・プログラムが問題の不正行為を防止できなかったとしても、さらに費用のかかるプログラムによって将来的に防止できる」という前提の根拠は何なのだろうか。

企業文化についてさらに広く言えば、合理的な株主であれば誰でも、自らの会社の重役が、収益性を追求するために、エネルギー、イニシアチブ、競争力、革新性、さらには積極性といった特徴を備えていることを望んでいると、忘れずにいることは有益である。しかし、競争力のある企業で成功するために不可欠なこれらの資質が、場合によっては疑わしい行動を助長することもある。例えば、エンロンは詐欺が発覚する前、六年連続で『フォーチュン』誌の「アメリカで最も称賛される」企業の一つに選ばれていた。残念なことに、そうした「革新性」は、実際よりもはるかに収益性が高く見えるような取引の仕組みにまで及んでいた。しかし、だからといって、刑法を使って技術革新そのものを阻止しようというのだろうか。

つまるところ、企業詐欺とは、重役がビジネス目的で嘘をつくことにほかならず、訴追されるかどうかは、その嘘が意図的なものであったことを証明できるかどうかにかかっている。訴追延期合意によって企業に強いられる変化、すなわち、より多くの倫理的な研修プログラムや、より多くのコンプライアンス・オフィサーによる監視の強化は、これらの個人が自分の目的に合った時に嘘をつくという決断を、実質的に変える可能性があるのだろうか？　企業に対する連邦量刑ガイドラインとほとんどの訴追延期合意は、そうなるという説明である。しかし、これまでのところ、（それ自体が疑わしいかもしれないが、本当に測定できると仮定して）データはこの主張を裏付けていない。

巨大製薬会社ファイザーのケースを考えてみよう。二〇〇二年に、ファイザー社は、子会社の一つが、ファイザー社のある医薬品に優先的な地位を与えるために、マネージドケア会社[*12]に多額の賄賂を支払ったことで、訴追の危機に晒され、訴追延期合意を結んだ。この合意では、特に、違法な

＊12　コスト抑制のため、患者に提供される医療サービスを管理する健康保険会社。

マーケティング活動を明らかにし、取締役会の注意を喚起するコンプライアンス・メカニズムを構築し、実施することが義務付けられていた。賄賂を贈った従業員、贈賄を承認した従業員、賄賂の真の目的を隠蔽した従業員は誰も訴追されなかった。

しかしながら、二年後、同社は同じ子会社で続いていた同様の違法なマーケティング活動で再び訴追を受けることになった。それでも、なお個人が起訴されることはなかった。その代わりに、子会社は会社としての有罪の答弁を行い、ファイザーによって、違法行為を摘発し、その実行を阻止し、取締役会の注意を喚起するために、さらに広範な措置を講じることを一層強く求める合意が結ばれた。

ところが、この二度目の合意にもかかわらず、二〇〇七年に、ファイザーの別の子会社が、危険な副作用のあるヒト成長ホルモンの適応外販売を違法に促進するという犯罪的なマーケティング活動をさらに行い、最終的に、その子会社は有罪の答弁を行い、ファイザー社も、従業員が法令を遵守するという遵守事項を増やすことで、新たに合意した。

このように三度続けての訴追延期合意がなされ、コンプライアンスの強化が約束されたにもかかわらず、二〇〇九年に、親会社であるファイザーが、同社の医薬品の適応外使用を促進するために医師に賄賂を贈ったり、そのような使用を助長する論文を掲載するために医学雑誌に賄賂を贈ったりするなど、同じように、利益にはつながるが、明らかに違法なマーケティング活動を行っていたことが発覚した。では、司法省は、これまでの訴追延期合意やコンプライアンス強化の合意にもかかわらず、同じ違法なマーケティング活動が親会社そのものに浸透していたという事実にどう対処したのか？

政府は、こうした事案を認識しており、そのうちのいくつかについては指揮し、場合によっては隠蔽したとされる重役たちを訴追しなかった。その代わり、司法省はファイザーとまたも二三億ドルの制裁金（政府がこれまでに科した刑事罰の中で最高額と喧伝されたものであったが、アナリストによれば、違法行為から得た利益のごく一部であった）を支払い、さらなるコンプライアンスの改善が要求される訴追延期合意を結んだ。司法省は、この「歴史的」和解を発表する際に、「ファイザーは、本件の原因となった行為と同様の行為を回避し、速やかに発見するための手続を規定し、再調査を実施する……広範な企業誠実性協定を締結することに同意した」と述べた。ファイザーの記録を考慮すれば、これは驚くべき信念の行動に思えた。そして実際、二〇一二年にファイザーはさらなる犯罪――今度は違法な海外贈賄――を実行したことが発覚し、さらに別の訴追延期合意を結んだ。

ファイザーは極端な例かもしれないが、訴追延期合意を結んだ会社の多くが、そしておそらくはほとんどが、遅かれ早かれ新たな犯罪を実行するということを、ギャレットの著書はかなり明確に示している。では、なぜ検察は訴追延期合意に魅了され続けるのだろうか？　もちろん、資源を節約するためという理由もある。前述したように、連邦法の適用範囲が広いため、会社を訴追するのは、会社内で高い地位にある重役を追及するよりもはるかに簡単で、捜査の手間もかからない。また、実際の訴追を延期することで、訴追延期合意は、上述の不当な付随的結果を回避することができる。例えばファイザーは、実際に有罪答弁をしていたら処方箋薬の販売が禁止されていただろうし、そのため、廃業を余儀なくされる可能性が高い。そして、その悪影響は主に、不正行為に責任のある重役ではなく、無関係の株主や従業員が被ることになっただろう。

司法省が訴追延期を好むのには、報道発表に有利な和解案の政治的利点や、熟練した高給取りの敵との予測不可能な法廷闘争の回避、そして、司法による合意履行への監視を制限し、または完全に排除するような和解案の作成という、司法省と被告人にとって有益かどうか定かでない利点など、疑わしい動機も反映されている。

要するに、過去二〇年以上にわたって、高い地位にある個人を訴追することから、その会社と見かけだけの訴追合意を結ぶことにシフトした結果、企業犯罪の処罰と抑止力は、政府の美辞麗句とは裏腹に、事実上低下してきた。さらに悪いことに、これらの実質的な犯罪を実際に実行した者たちは、まったく訴追されなくなったのである。

第 9 章
法的監視の衰退
THE SHRINKAGE OF LEGAL OVERSIGHT

前章までに論じてきた我々の刑事司法制度の問題の原因はさまざまあるが、とりわけ、制度が公正に機能することを確保するための裁判所の——特に連邦裁判所の——権限が低下したことの結果だといえる。その一例を挙げると、刑務所の過剰収容問題に大きく寄与しているのが、必要的な最短収容刑期である。必要的な最短収容刑期は、連邦議会と州議会が、（多くの場合に寛容な傾向が認められる）裁判官から量刑に関する権限の大部分を取り上げて、課すべき刑の下限を——しばしば過酷な水準で——命じるものである。ここでも、無実の路上犯罪者に対して自らが犯してもいない罪を認めるように求める圧力から、検察官が高い地位にある重役たちを現に訴追するのではなく企業に対する訴追を延期する傾向の強まりまでのすべてが、いかなる類いの司法取引に対しても裁判官の監視権限が限定的にしか与えられていないという事実によって、促進されている。

このことは、民間企業と政府規制当局との間の民事和解にも当てはまる。というのも、二〇一一年に、シティグループが投資家を騙して何十億ドルにも及ぶ無価値な不動産担保証券を売りさばいた件で、証券取引委員会（SEC）と同社との間で行われた、二億八五〇〇万ドルという明らかに不十分な和解案を承認することを私は拒否した。しかし、連邦控訴裁判所は私の決定を覆し、裁判所はこのような和解案の評価においていかなる役割も果たさないと宣言したのである。

しかしながら、刑事司法制度の運用を監督する連邦裁判所の機能をある意味で最も陰湿に低下させたのは、州及び連邦の刑事司法制度の現況を精査する目的で人身保護令状を用いる権限が縮減されたことである。人身保護令状は、連邦裁判所が政府（州または連邦）に対して、身体拘束下の者を裁判所に引致するよう求める命令であり、これにより裁判所は、その者が法の基本原則に従い公正に拘束されているかどうかを判断することができる。だがこの数十年の間で、その権限は著しく縮減されてきた。この変化がどれほど憂慮すべきものであったかを理解するためには、マグナ・カルタ（大憲章）として知られる有名な文書の時代まで遡り、人身保護令状やこれに類する法的保護の歴史を簡単に見ておく必要がある。

一二一五年に書かれたマグナ・カルタは、世界で最も有名であり、そして最も読まれていない法文の一つである。二〇世紀の偉大なイギリスの法学者デニング卿は、「専制君主の恣意的な権威に対抗する個人の自由の基礎をなす、あらゆる時代における最も偉大な憲法文書である」と、マグナ・カルタを評した。しかし、そのような高い評価が常に存在してきたわけではない。ローマ教皇インノケンティウス三世は、マグナ・カルタが公布されたわずか数か月後に、この憲章は「恥ずべき卑しいものであるだけでなく、違法で不正なものである」として、その無効を宣言した（後に復活が認められた）。また、マグナ・カルタのそもそもの成り立ちは、ジョン王が反乱諸侯との間で交わした平和条約であったが、一二一六年にジョン王が死去した後も反乱は続いたため、その意味ではマグナ・カルタは大失敗に終わったといえる。

マグナ・カルタを起草したのは、カンタベリー大司教のスティーヴン・ラングトンであるといわれている。文書全体を著したかどうかについては疑問視されているものの、法的に有効な一番最初の条項は彼の担当だったと見られる。その第一条では、「英国教会は自由であり、その権利は損なわれず、その自由は害されない」と述べられている。同条は信教の自由を謳ったものと読めるが、しかし、それはこの憲章をめぐる交渉にあたった諸侯の最大の関心事ではなかったようである。第二条から第八条に続くのは、諸侯の死後にその土地や財産を取り上げようとするジョン王の企みに対して、諸侯の未亡人や継承者を保護するための一連の取り決めを定めたものだからである。当時の平均的なイングランド諸侯の寿命を考えれば、諸侯がおそらく最も気にしていたのはこれらの条項であっただろう。

しかし、もしも諸侯が死んで、中世の金貸しであったユダヤ人への負債が残っていたらどうなるだろう？　第一〇条と第一一条は、諸侯の未亡人や継承者がユダヤ人からの借金の利息を当面支払わなくてよいとする旨の保護を規定している。この点で、ユダヤ人は明らかに不当な扱いを受けているが、反ユダヤ的かつ差別的であり、非常に傲慢かつ侮辱的な規定に、後世の批評家たちがほとんど注目してこなかったことは、驚くべきことであるとともに残念なことである。ただし、公平を期すと、これらの条項の真の目的は、すでに述べた通り、諸侯の死後にその財産が国王の手中に落ちるのを防ぐことにあった。中世イングランドでは、ユダヤ人は財産を所有することを禁じられていたからである。実のところ、ユダヤ人自体が、王に帰属する奴隷として、財産の一形態と見なされていたのである。そのため、諸侯やその継承者が利子を支払えず債務不履行に陥った場合、その債務を担保する財産は王の財産となった。

この理由から、ジョン王はユダヤ人を便利な道具と見なしていた。それは、ジョン王の先代にあたる有名なリチャード獅子心王が殊更にユダヤ人の殺害を奨励したのとは異なる。そのため、マグナ・カルタのこれらの条項は、ユダヤ人に対する債務に関して、他では規定されないような、一定の法的有効性を与えたものと見ることさえできる。しかし、たとえこのように善意に読んだとしても、これらの規定が、諸侯や王室がユダヤ人をより広く受け入れるための布石とはならなかった。七五年後の一二九〇年に、エドワード一世はすべてのユダヤ人をイングランドから追放する命令を出した。

そこからの二五箇条ほどは、主に王室による税金・罰金・その他の賦課金に関するもので、過大な罰金等を禁じた後世の法や、さらには、同意に基づかない軍役代納金（軍役を免除される代わりに課される税金）を禁止した第一二条の「代表無くして課税無し」の原則とも無関係ではない。しかし、第三九条まで進むとようやく、マグナ・カルタで最もよく知られている文言が登場する。「いかなる自由な人民も、押収され、投獄され、権利もしくは財産を奪われ、法外放置もしくは追放に処せられ、またはその他の方法で地位を奪われてはならないし、対等な身分にある者の適法な裁判または国の法律によるのでなければ、国王もその者に対して強制をせず、または誰かを差し向けることもない」。

現在、我々が「適正手続への権利」、さらに広げて、「法の支配」と呼ぶものの大部分は、この一文に端的に集約されている。

しかし、これらの権利はどのように保障されたのであろうか？　ジョン王の懐刀の殺し屋の一人であったジェラール・ド・アテーの一族の公職追放（第五〇条）や、反乱したスコットランド人が同盟を望んだフランス貴族との婚姻をジョン王が阻止するために捕虜としたスコットランド王アレグザンダー二世の姉たちの解放（第五九条）といった「喫緊の」問題に対応するためのたくさんの条項を定めた後に、マグナ・カルタは、諸規定を施行するために選任された二五名の諸侯による執行委員会を設置した。しかし、実際には、執行委員会は扱いにくく、つまるところ実効性を欠くものであることが明らかになった。

第三九条の目標を実現するためには、二つのことが最低限必要であった。第一に、執行権力を保有する者が、自らが国の法に従属し、これを遵守するだけでなく推し進めなければならないことを認識すること、第二に、国法に違反したとして執行権力者に不当に拘禁された者に裁判を受けさせて釈放させることのできる仕組みがあること、である。アメリカ合衆国では、合衆国憲法が制定されたことにより、また、「マーベリー対マディソン」事件（一八〇三年）でジョン・マーシャル合衆国最高裁判所長官が、憲法解釈の最終的な権限が最高裁にあることを宣言したことにより、大まかに言って、第一の条件の一部は満たされた。しかし、だからといって、我が国の最高権力者たちが、法の支配を常に受け入れていたわけではない。実際に、権勢を誇った大統領の多くは、時には法の支配に逆らうことがあった。例えば、一八三二年に最高裁が、ネイティブ・アメリカンを主権国家として扱わなければならないと判断した時、アンドリュー・ジャクソン大統領は次のように述べたと伝わっている。「ジョン・マーシャルの判断なのだから、彼にそれを実行させればいい」。また、南北戦争が勃発した時、エイブラハム・リンカーン大統領は憲法違反を犯して人身保護令状の執行を停止したが、これを受けてウィリアム・スワード国務長官はイギリスの大臣にこう豪語した。「私が呼び鈴を押せば……合衆国市民の収監を命じることができるし、大統領以外の地上のいかなる権力も、その者たちを釈放させることはできない」。

そこで、法の支配の第二の条件の話になる。すなわち、法律に違反したとして行政府により不当に収監された人たちを裁判所が釈放できる仕組みである。そのような仕組みの主たるものである人身保護令状は、拘禁または収監された人に裁判を受けさせ、国法が適用されうるようにすることを求めるものである。

一部の作家や時には裁判官でさえも示唆してきたこととは異なり、人身保護令状それ自体はマグナ・カルタで定められていない。実のところ、人身保護令状がはっきりと形成されたのは、その数世紀後のことであった。ただし、マグナ・カルタの第三九条で提示された権利を実現させるためには、人身保護令状の創設は必要条件であった。二〇〇四年の「ラズール対ブッシュ」事件でジョン・ポール・スティーヴンズ裁判官が、ロバート・H・ジャクソン裁判官を引用しつつ述べたように、「ラニーミード[*12]でジョン王が、いかなる自由な人民も、同輩の裁判または国法によるのでなければ、投獄され、財産を奪われ、法外放置もしくは追放に処せられないと誓約して以来、行政府に

*12　マグナ・カルタへの署名が行われた土地。

よる収監は圧政的で違法なものであると見なされてきた。イングランドの裁判官が人身保護令状を創設したのは、行政府による抑制からこれらの免除を守るためであった」。

しかし、この偉大な令状は今もこの重大な機能を果たしているだろうか？　それとも効果が失われるほどに弱体化しているだろうか？　私には懸念材料があり、それとの関連で、異なる二つの例を挙げることにしたい。それは、グアンタナモ収容所と一九九六年反テロリズム及び効果的死刑執行法（AEDPA）である。

グアンタナモ収容所をめぐる法的問題の歴史は、人身保護令状だけでなく、マグナ・カルタの継続的な効力を表しているという側面もある。二〇〇四年から二〇〇八年までの四年間に、最高裁は、グアンタナモに関する四件の裁判を行い、「ブーメディィエン対ブッシュ」事件での重要な判決で佳境に入った。原告のラクダール・ブーメディィエンは、自身が敵性戦闘員ではなく、法廷で無実を証明する機会も与えられずにグアンタナモで拘留されていると主張して、連邦地裁に人身保護請求を行った。しかし、それ以前のグアンタナモ被収容者らへの対応として、連邦議会は、「いかなる裁判所または裁判官も、敵性戦闘員として拘束された外国人により、またはこれに代理して提出された人身保護請求を審理または判断する管轄権を有しない」と定める法案を可決していたのであった。

最高裁は、5対4の多数決で、この法律を違憲とした。法廷意見を執筆したアンソニー・ケネディ裁判官は、国法によらずして何人も投獄されないとするマグナ・カルタ第三九条の基本原則を実現する上で人身保護令状が果たす役割に明確に依拠した。合衆国憲法第一編第九節によれば、大統領とは異なり、連邦議会は人身保護令状を停止する権限を有するが、それができるのは「反乱または侵略の場合」に限られており、現代アメリカの状況ではそのいずれも存在しない。最高裁は、さらに、人身保護令状は米国市民だけでなく、合衆国の領土内で拘束されている外国人にも及ぶと述べたが、グアンタナモは現にこれに該当する。

理論的には、ブーメディエン判決の重要性を過大評価することは難しい。同判決は、人身保護令状への権利、ひいては、いわゆるテロとの戦いに起因する状況であっても法的な保護を受ける権利を保障する最高裁の権限があることを明らかにしたからである。ブーメディエン判決がいかに画期的なものであったかを知るには、第二次世界大戦中の日系アメリカ人の抑留を正当化した恥ずべき判決は言うに及ばず、リンカーン大統領による南北戦争終結までの人身保護令状の停止を最高裁が違憲にできなかったことと対比するだけでよい。そして、最高裁による論理の基盤は、何よりもまず、マグナ・カルタ第三九条に掲げられた原則に依拠し、この原則を現実のものとする上で人身保護令状が果たす重要な役割を認識したところにある。ケネディ裁判官が法廷意見として書いたように、「マグナ・カルタは、何人も国法に違反する形で投獄されないことを定めた。……この原則は重要であったが、ラニーミードでの諸侯はこれを実現するための明確な法的手続を支持しなかった。……（しかし、）やがて人身保護令状は、マグナ・カルタが掲げた目標を達成するための手段となった」。ブーメディエン判決で最高裁が、グアンタナモの被収容者に対する人身保護による救済を否定しようとする議会の企てを斥けたのは、この目標を達成するためであった。

しかしながら、実際には、ブーメディエン判決の影響ははるかに限定的なものであった。オバマ前大統領がグアンタナモの閉鎖と被収容者の釈放を公約したにもかかわらず、判決から一〇年以上が経過した二〇一九年の時点で、四〇名の被収容者が抑留されたままであった。それらの者の大半は、（軍事法廷ではないという意味での）通常の連邦裁判所で裁かれたことがない。また、半数の者は、そこに収容されている数十年の間、何らかの犯罪で訴追されたこともない。それらのいわゆる「永遠の囚人」――犯罪で訴追されたことも釈放を許可されたこともない者――が人身保護請求を提出したすべての事案において、政府はこれに異議を申し立てて、そのような請求に対する判断は、グアンタナモを閉鎖するとの公約（トランプ政権は言うに及ばず、連邦議会も断固反対している）の成り行きを待ってからするべきであると主張した。そして、ほぼすべての事案で、下級裁判所はこの反論に黙って従うか、さもなくば本案の検討をすることなく、人身保護請求を棄却してきた。結果として、政府による反論は、被収容者の釈放に関する連邦議会の度重なる反対、国防総省による対応のあからさまと言ってよい遅延、下級裁判所による介入の失敗と相まって、ブーメディエン判決の目標の大部分を未達成の状態に置いたのである。

そこで、二つめの例につながる。連邦議会と行政府が、人身保護による救済を効果的に骨抜きにする能力を有していることは、AEDPAの事例によって最も的確に説明することができる。この法律は、民主党と共和党二党の強力な支持を得て、一九九六年に制定された。法律の名称は「反テロリズム」という言葉で始まるものの、「効果的死刑執行法」という残りの部分は、法律の当座の目的を露わにしている。すなわち、死刑が予定されている各州の受刑者が連邦の人身保護救済を獲得する法的資格を狭めるという目的である。

つまり、各州の何十人もの死刑囚が問われた罪について事実上無実であったことをイノセンス・プロジェクトが明らかにする前から、連邦裁判所は、各州が人身保護に関する連邦法上の救済を数多くの事案で与えすぎており、それがほかならぬ遅延につながっているとして、多くの州で採用されている手続にとりわけ懐疑的であった。ＡＥＤＰＡの公然の目的は、連邦法上の人身保護による救済の範囲を狭めて、より多くの人たちを速やかに処刑できるようにすることであった。

より広く言えば、人身保護審理の範囲を限定し、州裁判所で何らかの罪で有罪判決を受けた者が連邦裁判所にアクセスする機会を減らすことが、ＡＥＤＰＡの目的であった。大局的な視点から見ると、一九九〇年代半ばはいわゆる「犯罪との戦い」の全盛期であり、犯罪率の上昇を抑えるために必要的な最短収容刑期その他の厳しい法律が制定され、その結果として、多くのアメリカ人が今頃になって気付き始めた通り、刑務所の壊滅的な過剰収容がもたらされた。また、さらに大勢の人たちが収容され、その多くが長期化された刑に服したことで、多数の人身保護請求が行われるようになり、この氾濫をせき止める方法を模索するべきとの声が司法界からも上がった。

皮肉なことに、私が確認した統計によれば、ＡＥＤＰＡは人身保護の請求件数を減らすことはできず、請求の成功率を低下させただけであった。ＡＥＤＰＡが制定される前から、ウィリアム・レーンキスト合衆国最高裁判所長官の下での判断は、基本的な適正手続の保障を各州にも拡大したウォーレン合衆国最高裁判所長官下の諸判例（最も有名な「ミランダ対アリゾナ」事件判決[*15]を含む）の適用範囲を狭めていたため、ＡＥＤＰＡ制定前の人身保護請求の成功率はたった一パーセントにまで低下していた。しかし、ＡＥＰＤＡが成立したことで、人身保護請求の成功率は、一パーセントの三分の一という極小の数に減った。この激減はどうしたことか？

何よりもまず、最高裁の先例への違反または不合理な適用がない限り人身保護の救済が与えられないということは、ＡＥＤＰＡで定められた要件の結果である。最高裁は、申し立てられた違反が弁解の余地なく明白なものに有効な人身保護請求を限定する方向で、ＡＥＤＰＡの要件を繰り返し解釈してきた。その実際上の効果は、あまりにも多くの州で見られる強引な刑事司法制度に対して公正性の状態を新たにもたらすべく人身保護審査を採用するという、従来の連邦の慣行を停止させることである。

人身保護審査の範囲を著しく制限することに加えて、ＡＥＤＰＡはその他の側面でも人身保護制度を大きく狭めている。例えば、同法は、人身保護請求をするにあたって州の審査が完全に尽くされること、さらに、その審査が終了してから一年以内に請求することを要求する。その結果、人身保護請求の二二パーセントは、時機に適していないとして却下されている。ＡＥＤＰＡはさらに、二回目以降の人身保護請求をすることに関して中立人に厳しい制限を課している。すなわち、請求の中で事実認定上の争点が提起された場合に連邦地裁が証拠調べを行うことのできる状況を制限するとともに、人身保護に関する本案審理に到達するまでにその他多くの過度に技術的な障壁を置いているのである。

これらの技術的な障壁を克服する唯一の方法となることが多いのは、不十分弁護の申し立てをすることである。例えば、州の救済措置を模索し尽くさなかったことや、州の救済を求める審理において重要な争点を提起しなかったことが、弁護人の怠慢による場合には、不十分弁護の主張を伴う人身保護請求は、技術的な要件を満たさなかったことへの申し開きとなるかもしれない。そのため、手続的欠陥を乗り越えた人身保護審査事案の多くが、州独自の実務や手続が公正なものであるかよりも、弁護人が適切に行動したかに焦点を当てることになった。そのような事例は政府の統計担当者によって「本案審理に到達した」ものとして分類されることがよくあるが、実際には、法律関係が変更されることはほとんどない。

最高裁はこのことに特段の問題を感じているようには見えず、この最高司法府に持ち込まれた数少ない訴訟においても概ねAEDPAを支持してきた。おそらくこれは、AEDPAが州の権限を守る機能を果たしているからであり、各州が自身の刑事司法制度に対する全面的な監督権限を行使することこそが連邦制の基本であると考えている最高裁の多数を占める保守派にとって、AEDPAのこの大義は親和性が高いのである。これとの関連で、ブーメディエン判決が連邦政府の権限の

＊15　一九六六年に最高裁が出した判決で、身体を拘束された被疑者に黙秘権や弁護人依頼権などを保障した。

みに関わるものであったことは特筆に値する。

その結果、今日の大半の刑事事件において、基本的公正性に関する限り、個々の州の法律が実質的な国法となり、連邦による効果的な監視は失われている。より根本的には、これが意味するのは、最高裁の黙認の下で、連邦議会が人身保護の範囲を大幅に制限する権限を不当に行使したということである。謹んで指摘するが、これは、マグナ・カルタ第三九条で表明され、合衆国憲法が掲げているとかつては思われていた基本原則と、まったく相容れない。裁判所は、誤判を覆し、適正手続を保障し、あるいは「法の支配」が空誓文以上の意味を持つことを確認できるための権限を与えられているが、結局それらの権限は失われてしまった。

第10章
「テロとの戦い」の法との戦い
THE WAR ON TERROR'S WAR ON LAW

第9章で取り上げたひどい法律、AEDPAの正式名称は、「反テロリズム及び効果的死刑執行法」である。この名称は最大の政治的インパクトを得るために考案された。一体誰が反テロリズムに反対できるだろうか？　そして、死刑は、ほとんどの人にとって良いことであり、その効用が法廷での果てしない遅延によって損なわれてきた。この遅延こそ、AEDPAが終わらせようとしたものである。しかし、それはうわべだけのものであった。本章では、テロとの戦いという美辞麗句が、裁判所が憲法の適用を回避するための口実として何度も用いられてきたことを明らかにする。そして、第11章では、最高裁の行政府に対する不当な服従について論じる。

「戦争」という言葉が発せられると、裁判所が政府の不正行為に対する干渉を避けようとしきりに詭弁を弄して、法の支配がしばしば崩壊することは、歴史が物語っている。明白な例を挙げると、第二次世界大戦でルーズヴェルト政権は、その血統のみを根拠に十数万人の日系アメリカ市民の自由を奪った。そして、最高裁は、ヒューゴ・ブラック裁判官による法廷意見において、戦時下では（たとえ無制限かつ不均衡であっても）軍に全面的に従うべきである、という常套句を繰り返して、この明白に違憲な抑留を支持した。

同じ戦争の間、ナチスの差別主義と戦っていたアメリカ軍は、司法による干渉を受けることなく、人種隔離を行っていた。一九四〇年の徴兵法でも、「この法律に基づく人選と訓練においては、……人種または肌の色によるいかなる差別もあってはならない」と規定されていたが、第二巡回区控訴裁判所は、「陸軍幹部が陸軍の需要を判断する」として、白人と黒人とを分けた徴兵枠を禁止するものではないと判示した。

二〇〇一年九月一一日から間もなく、ジョージ・W・ブッシュ大統領によって宣言されたいわゆる「テロとの戦い」は、第二次世界大戦にアメリカが参戦した期間のすでに四倍以上続いており、終わりが見えていない。輪郭が見えず秘密主義的な性質ゆえに、テロとの戦いは不定形の恐怖と潜在的な困惑を生み出す。それは、漠然としか認識できないながら、将来に向けて厄介な前例を作り出すような形で私たちの自由を損なうものである。そして、これまで連邦裁判所は、これらの侵害に対してほんのわずかのことしかしていない。

この司法の怠慢を非難する声の一つが、イェール大学の法学教授として著名なオーウェン・フィスのものである。私がこれらの問題について深く考えるようにさせてくれた彼には敬意を表さなければならない。フィスは、長年にわたり、国家安全保障の名の下で行われてきた行政府の行き過ぎに対する司法府の対応の浅薄さを明らかにする論文を次々に執筆してきた。

そこで指摘された問題を説明するための例をいくつか挙げよう。まずは、九・一一以降にCIAが拷問を行ったことである。議論の便宜上、拷問が、通常の尋問では獲得できない情報を引き出す上で有効な場合があると仮定することは可能である。それでも、多くの研究によれば、拷問の主な効用は、拷問者が聞きたがっていると考えられる内容を話すよう被害者に強制することである。実際、歴史的には、スターリン時代の見せしめ裁判のように、拷問の最も突出した用途の一つは虚偽自白の強要であった。

いずれにしても拷問は、その効用とされるものが本当であるかどうかにかかわらず、共和国であるアメリカの草創期から非難されてきた。イギリス国王による拷問への反発が、自己負罪供述の強制を禁止する合衆国憲法修正第五条の制定につながるとともに、残虐で異常な刑罰を禁止する修正第八条の制定にも一役買っていることは、大半の学者が同意するところである。アメリカ人が拷問を嫌悪し続けていることの証左は、数多くの現行法にも見ることができる。例えば、被害者を殺害する前に拷問を加えることは、現在の連邦法の下では、死刑に相当する「加重事由」の一つとされている。

アメリカが一九八八年に署名し、一九九四年に批准した国連拷問等禁止条約は、我々の法体系において拘束力のある要素となっており、最も直接的に適用可能である。条約[*16]の第一条は、拷問を定義しており、「身体的なものであるか精神的なものであるかを問わず人に重い苦痛を故意に与える行為であって、本人もしくは第三者から情報もしくは自白を得ることを目的とするあらゆる行為」その他の行為を包含している。第二条は、「自国の管轄の下にあるあらゆる領域において拷問にあたる行為が行われることを防止するため、立法上、行政上、司法上その他の効果的な措置をとる」（強調は筆者）ことを締約国に求めている。同条はさらに、「戦争状態、戦争の脅威、内政の不安定または他の公の緊急事態であるかどうかにかかわらず、いかなる例外的な事態も拷問を正当化する根拠として援用することはできない」と規定している。

上記で強調した第二条の文言は、国外で活動する政府職員が拷問を用いることを許可しているかのように読めるかもしれない。しかし、一九九四年に連邦議会は、拷問等禁止条約を国内で実施するための立法の一部として、連邦刑法第２３４０Ａ条を制定しており、その中で特に、たとえ「合衆国の外で」あっても、アメリカの政府職員が拘束しまたは物理的な管理下に置く者に対して拷問を科すことを禁止している。それにもかかわらず、九・一一以降、国外で活動するＣＩＡ局員は、テロ容疑者に対して水責めを行った。水責めとは、中世スペインの異端審問に由来する手法で、対象者の鼻と口に水を流し込むことにより、窒息死や溺死を錯覚させるやり方である。

水責めは明らかな拷問である。それにもかかわらず、九・一一後間もなく司法省の上級幹部によって作成された法的メモランダムは、拷問の正当性を主張する内容で、条約による拷問の定義は「残虐、非人道的、または品位を貶める処遇または刑罰のうち最悪の態様のもの」のみを射程とし、また、「拷問に該当する身体的苦痛は、臓器不全、身体機能障害、あるいは死といった深刻な身体的傷害に伴う苦痛と同等の苛烈さでなければならない」とした。精神的苦痛に関しても、メモランダムによれば、拷問を構成するためには、「数か月あるいは数年にわたる」心理的危害を引き起こすようなものでなければならない。

しかしながら、法律の解釈を最終的に判断するのは司法であるから、ＣＩＡによる水責めが公に

＊16　国連拷問等禁止条約の条文の日本語訳は、外務省のものを参考にした。https://www.mofa.go.jp/mofaj/gaiko/gomon/zenbun.html

なりさえすれば、裁判所が２３４０Ａ条の該当性を判断するだろうと想像した者がいたかもしれない。ところが、そのようなことは起こらなかった。テロとの戦いの手段であるＣＩＡの水責めが司法審査を免れるという立場を政府もとっていたことが、その理由の一部である。

紆余曲折を経て、水責めに関するいかなる判断への司法審査をも回避することは、ブッシュ政権における最高レベルの方針となった。この方針は二〇〇五年に、「国防総省の拘束下または実効支配下にあるいかなる人物も」、水責めを含む特定の「尋問技術」に服させてはならない、と規定するなどした被拘禁者処遇法を議会が可決したことを受けて、事実上再確認された。当該法律がＣＩＡに適用されないとの主張に加えて、ブッシュ大統領は、法案への署名時に、同法案が「司法権に対する憲法上の制限に合致する」ように解釈する権限は自身にあると断言した。これは明らかに、大統領の法律解釈が司法審査を免れる、との主張である。つまり、「我々が水責めをすると決めたなら、どの裁判所もこれを禁止することはできない」と言っているのである。

あいにく、ここで想定された審査免除がＣＩＡの水責めに関して試されることはなかった。むしろ、この問題は政治的に解決された。すなわち、オバマ大統領は、二〇〇九年に就任して間もなくＣＩＡによる水責めの使用を禁止し、その後議会は二〇一五年にこの命令を事実上成文化した。さらに、さまざまな噂にもかかわらず、ＣＩＡの水責めに関して確証的な報告はない。確かに、トランプ大統領は水責めへの支持を表明しているが、その支持を行動に移しているようには見えない。そのため、少なくとも現時点では、アメリカの諜報員による水責めをめぐって裁判所が判断する対象がないのである。

しかしながら、残念なことに、オバマ大統領による水責めの禁止は、テロとの戦いの一環としての拷問へのアメリカの関与に終止符を打つことはなかった。それどころか、過去一〇年の間、アメリカは「特別送致」として知られる仕掛けを繰り返し用いて、拷問を尋問の日常的な手段とする他国の警察当局に、アメリカが拘禁したテロ容疑者を引き渡してきた。

その一例が、カナダとシリアの二重国籍者で、アメリカ当局からアルカイダ支援者と目されていたマヘル・アラールのケースである。二〇〇二年に、チュニジアでの休暇からカナダに戻る途中で、アラールはニューヨークのJFK空港で飛行機を乗り換えなければならなかった。彼はアメリカの当局員に即時に拘束され、一二日間にわたり留置された。どうやら尋問で望ましい結果を得られなかったので、彼はシリアに移送されたが、彼が拷問されることは予期されていたし、実際に拷問された。その後、彼は連邦当局員らを提訴したが、二〇〇九年の終わり頃に第二巡回区控訴裁判所が全員法廷における7対4の多数決で出した判決は、当該請求を審理すること自体が国家安全保障に干渉するものであるから、本件事実はアメリカ法の下で審理されるべき請求を構成しないとした。

同様に、拷問を用いた尋問に服させるためにCIAが他国への移送を手配したと主張する五名の元被拘禁者が関わる訴訟においても、二〇一〇年に第九巡回区控訴裁判所は、6対5の評決で、国家機密の暴露の禁止に反するため、被拘禁者による訴訟は許されないと判示した。

これらの裁判で票が割れたことは、特別移送が司法審査の範囲を超えるかどうかについての裁判所の見解が統一的でないことを表している。にもかかわらず、特別移送は、当面は、テロ活動に対する幇助が疑われる者を尋問するために、アメリカ当局者が他国の拷問手法を事実上使用できるようにするための仕掛けであることに変わりはない。司法における多数派の意見は、干渉しないことである。

特別移送に対する司法の反応が、テロとの戦いにつきまとう悪しき慣行実務に対する放任主義の一例であるとすれば、それとは異なる、有言不実行と呼ぶべき反応は、より馴染み深い別の例に見ることができる。それは、敵性戦闘員と見られる者に対する、裁判を経ない拘束である。

この慣行は、世間では主にグアンタナモを想起させるが、実際にはもっと幅広く用いられている。ここでの基本的な問いは、敵性戦闘員――伝統的には「戦争をめぐる法と慣習の下で、武力衝突の期間中拘束される可能性のある個人」と定義される――として起訴された者が、テロとの戦いという異例の性質ゆえに、合衆国憲法、または戦争の捕虜に対して適用されるジュネーヴ条約によって保障された権利を享受することなく、アメリカに無期限に拘束されることができるのかということである。答えは、理論的にはノーかもしれないが、現実はイエスのようだ。

実際、グアンタナモの被収容者が最初にそこに送られた時、彼らは外部から隔離され、身元そのものが秘匿されていた。弁護人の援助も外部世界との連絡手段も与えられず、これらの被収容者たちは最も基本的な権利すら主張する方法を持ち得なかった。しかしながら、やがて複数の裁判官(私自身を含む)がグアンタナモに収容された者たちの身元の公開を命じるようになり、それが、親族などが彼らのために行動を起こすことにつながった。

合衆国最高裁判所は、二〇〇四年から二〇〇八年にかけて出したいくつかの判決で、これらの被収容者たちにも、釈放を求めるための人身保護請求をする権利が及ぶこととした。しかし、これらの判決は法の支配の偉大な勝利として当時歓迎されたものの、第9章で述べたように、芯がない葦のようなものであることが判明した。すなわち、下級裁判所、とりわけコロンビア特別区巡回区控訴裁判所は、グアンタナモ被収容者が釈放を勝ち取ろうとした試みのほぼすべてを、時には本案審理さえも行わずに、斥けてきたのである。

その上、グアンタナモには今でも数十名のいわゆる永遠の囚人が、合衆国憲法第三編の下に設置されたどの裁判所でも、言うまでもなく陪審にも、違法行為を根拠に有罪の判決を受けることなく、取り残されている。オバマ政権の当初の意向は、グアンタナモを閉鎖して、連邦裁判所で裁くことのできない大半の被収容者を釈放するというものであったが、その意向を連邦議会は繰り返し阻止しようとし、トランプ政権は完全に排斥したのである。

これらの被収容者たちが戦争の捕虜と見なされるのであれば、ジュネーヴ条約の下で、積極的敵対行為の終結とともに当然釈放されなければならない。しかし、テロとの戦いという曖昧で拡張的な解釈の下では、積極的敵対行為の終結は訪れないかもしれない。しかも、被収容者たちは国家の一員として行動した者として明確に特定されていないため、もしかしたら戦争の捕虜の条件を満たさないかもしれない。

残された被収容者たちが結局どうなるかはともかくとして、最高裁がグアンタナモの被収容者に人身保護請求の権利を宣言した通りの効果を与えなかったことは、アメリカが、中立な法廷で裁かれることも釈放されることもなく、ただ無期限に刑務所にとどめられた何百人、何千人もの被収容者のための刑務所を将来にわたり維持するための土台を作ったことになる。これほどに果てしなく続く、十分な審査を経ていない拘禁は、アメリカの歴史上類を見ない。

拷問や無期限抑留をめぐる政府の行き過ぎや司法の消極姿勢を表すこれらの例は、その多くが海外での出来事や外国人の取り扱いに関わるものである。しかし、テロとの戦いを遂行することに伴う負の影響は、言論の自由に対する制限など、自分たちにも及ぶようになっている。

私がロースクールに通っていた一九六〇年代後半の通説は、言論の自由は民主制を効果的に機能させるために非常に重要であるから、「明白かつ現在の危険」をもたらす言論や、後の最高裁がいう「差し迫った違法行為」を煽動する言論にあたらない限り、いかなる制限も禁止されるというものであった。たとえ戦争や戦争の脅威・影響があっても、米国市民が自らの意見に忠実に発言することを禁じることは正当化されない。そのため、フランスとの戦争が懸念された初期の議会で可決された外国人治安諸法や、第一次世界大戦の余波の中で無政府主義者と疑われた人たちを標的に行われたいわゆるパーマー・レイド、冷戦中の共産党の非合法化はすべて、合衆国憲法修正第一条に違反するものであり二度と繰り返してはならないものと後に考えられるようになったのである。

しかし、これらの例は、修正第一条の保障が危機の時にいかに脆弱であるかを表している。二〇一〇年の「ホルダー対人道法プロジェクト」事件判決で、最高裁は、テロ組織を支持するものと解釈できる言論を犯罪化する政府の権限を危うく承認しかけた。これに関連する連邦刑法第2339B条は、国務長官が「国外テロ組織」として指定した団体に対して故意に物質的援助を提供することを連邦法上の犯罪としている。「物質的援助」の用語には、当該組織への「役務の提供」を含むと定義されるため、当該組織に好意的な発言をしたりその活動——たとえそれが善良なものであっても——を称賛したりすることは、この定義に該当するおそれがある。

このおそれから、国務長官によりテロ組織として指定された二つの団体——トルコ・親クルド派の団体とスリランカ・親タミル派の団体——の支持者たちは、これらの団体の非暴力的活動を代弁したことを根拠に2339B条の罪で訴追されることはない、という「宣言判決」(事前判決の一種)を求めた。

最高裁は、2339B条に言論は含まれないと単純に解釈することで、原告の請求を認めることもできた。にもかかわらず、6対3の多数決によりロバーツ長官が執筆した「ホルダー対人道法プロジェクト」判決(二〇一〇年)で、最高裁は次の立場をとった。すなわち、これらの団体の支持者らが自主的に行った言論を同条で犯罪化することはできないが、テロ組織と「連携して、またはその指示に基づき」行われた擁護の言論は、当該組織への「役務の提供」に該当するため、処罰の対象となるというのである。加えて、擁護すること自体がテロ行為を含む当該組織の活動全体を助けることになるため、その言論が当該組織の平和的活動を擁護しているに過ぎないことは結論を左右しないとした。

下級審判事の一人に過ぎない私の控えめな見方としては、ある組織のためにする「自主的」で自由な言論と、その組織と「連携」してする言論との区別は、非常に疑わしく思える。一九八〇年代に、シン・フェイン党が掲げたアイルランド独立の目標を支持するものの、その過激な戦略は支持しなかった何万人ものアイルランド系アメリカ人は、仮にシン・フェイン党の「支持の表明を」という呼びかけに応じてアイルランド独立の目標への好意的な意見を表明した場合、2339B条に基づいて刑事訴追されることになったであろうか？

あるいは、別の例を挙げると、ある組織が国務長官により不当にテロ組織の指定を受けたと考える者が、当該組織の承認の下で、国務長官の誤りを指摘する広告を『ニューヨーク・タイムズ』紙に掲載した場合、刑事訴追の対象となるであろうか？

最高裁の見解の根底にあるのは、テロとの戦いが自由な言論に対するこのように深刻な萎縮効果を正当化するという暗黙の前提である。例えば、最高裁長官は、「テロと戦うという政府の利益は、最高順位の緊急の目的である」と述べている。この言説は、文脈上、国務長官によりテロリストというレッテルを貼られた好ましからざる組織の擁護は検閲の対象となるという、軽薄な示唆である。「明白かつ現在の危険」の基準の下で、クルド人やタミル人の反政府活動と戦うことのアメリカの国益にとっての緊急性を見出すことは困難であるという事実をさておいても、である。このような見解は、独立戦争前のイギリスによる検閲——修正第一条の保障をもたらした——を完全に正当化するものである。

幸いなことに、最高裁による前掲の判決で認められた検閲の白地小切手は、その大部分において、司法省によって未だ換金されていない。オバマ政権では、2339B条に基づく言論活動に対する訴追は数件しかなく、いずれも暴力を直接的に煽動したものであった。しかし、現在または未来の政権が何をするかを誰が予測できるであろうか？

要するに、より効果的な司法審査がなければ、政府は常に戦争を口実にして、その他の口実では正当化を望めないような専制主義的な施策をとるということである。それらの施策は、たとえ従来型の戦争を背景としていても、重大な疑義を生じたかもしれない。しかし、テロとの戦いに特有の性質――法的地位の不明確さ、変遷、非国家勢力との敵対、非伝統的方法、目標の不明瞭さ、きわめて不確定な継続期間――これらすべてが、裁判所による介入を困難にしている。それでも、司法は、この奇妙な戦争によって正当化されようとしている、広範囲に及ぶとともに、しばしばぞっとするような政府活動に対して、有意な制限を課すのに最も適した統治部門であるように思われる。裁判官は、私たちと私たちの国の危機に際して、その責務から逃げている。

第11章
行政府に対する最高裁判所の不当な服従

THE SUPREME COURT'S UNDUE SUBSERVIENCE TO THE EXCUTIVE BRANCH

今日の政治状況において、連邦の裁判所はしばしば、行政府の行き過ぎを抑制できる可能性のある唯一の機関と考えられている。このことは、下位の連邦裁判所には当てはまるといえる。しかし、以前の章で指摘したように、近年の合衆国最高裁はこの点に関して、自分たちの役割を狭く捉える考え方を採用している。つまり、合衆国最高裁は、拷問の使用から死刑に至るまで、行政府に強く従属する道を選んでいる。行政府に対する合衆国最高裁の服従は今に始まったものではなく、合衆国最高裁ができたばかりの頃、すなわち、一般的には司法権の創始者と位置づけられているジョン・マーシャル長官が活躍した時代にまで遡ることができる。

ジョージ・ワシントンは人々を奮起させる力を持ったリーダーであり、トマス・ジェファソンは警句を作り出す能力を備えた人物であった。しかし、連邦の裁判官にとって最も偉大な建国の父は、疑いの余地なく、一八〇一年から一八三五年にかけて合衆国最高裁長官を務めたジョン・マーシャルである。ジョン・マーシャル長官は、アメリカ社会における連邦法の役割を作り上げた人物である。

四巻からなる伝記、『ジョン・マーシャルの人生（*Life of John Marshall*）』（一九一六年）を執筆したアルバート・J・ベヴァリッジは、この本の中で、「ジョン・マーシャルの業績は、アメリカ合衆国の国家形成において最も重要な役割を果たした。そしてその影響は、時が経つにつれて大きくなっている」と記した。しかしベヴァリッジは同時に、「このような熱狂的で曖昧ともいえる賛辞がマーシャルに捧げられており、法律の専門家の中においてさえ、マーシャルは神話に出てくる登場人物のような存在であり、この世のものとは思えない美徳と知性を授けられた人物と受け止められてきた」と警告を発している。そうであるにもかかわらず、ベヴァリッジが執筆した伝記の大部分は、マーシャルに賛辞を送るものである。また、近年出版された伝記のタイトルを眺めてみても、例えば、ジーン・エドワード・スミスが執筆した伝記のタイトルは『ジョン・マーシャル――国家を作り上げた人（*John Marshall: Definer of a Nation*）』（一九九六年）であり、ハーロウ・ジャイルズ・アンガーが執筆した伝記のタイトルは『ジョン・マーシャル――国家を救った最高裁判所長官（*John Marshall: The Chief Justice Who Saved the Nation*）』（二〇一四年）となっており、マーシャルが今もなお、批判的に検討することが憚られるような、畏敬の念を起こさせる存在であることが分かる。

私は、このような評価にとらわれることなく、次のように主張したい。マーシャルは連邦の裁判所にとって、立法府に対する監督権限が限定的であることを保障する点で大いに役に立つものではあるが、今日においても私たちを悩ませ続けている、行政府への従属を表明していた。

しかし、最初に、マーシャルその人の生い立ちを紹介しようと思う。マーシャルが世に名を知られるようになった話には、英雄的な側面があるのは確かである。彼をヴァージニア州の上流階級の一員と見るのはありふれたものではあるが、実際には、貧しい縁者に過ぎなかった。なぜなら、彼の母方の祖母は、ランドルフ家の一員（ランドルフ家とは、ヴァージニア州で名門と名高い一族である）として生まれたのであるが、スコットランド人牧師のジェームズ・キースと正式に結婚していないのに関係を結んでいることが明らかになり、相続権を剝奪されたからである。

ほとんど耕作されていない荒地に追放され、この地で二人は結婚したが、このスキャンダルの汚名の影響は、マーシャルの母親であるメアリー・キースを含む二人の子どもたちにも及んだ。メアリー・キースは資産と親戚縁者と付き合う機会とを奪われ、その結果、あまり資産のない農夫と結婚することになった。開拓時代のやり方として、ヴァージニア州ジャーマンタウンで二部屋の丸太小屋で生活し、一五人の子どもを育て上げた。そのうちの長子が、一七五五年に生まれたジョン・マーシャルである。

又従兄弟のトマス・ジェファソンと異なり、マーシャルはほとんど独学で勉強し、正式の学校に通ったのは一年に過ぎない。これに対してジェファソンは、大規模プランテーション経営者の子どもとして生まれ、一六歳でウィリアム・アンド・メアリー大学に入学するまで、何年間も家庭教師の指導を受けてきた。マーシャルが就いた職業のうち、社会的に意味を有する最初の職業は、独立戦争で将校として従軍したことである。一七七七年から一七七八年にかけての冬に、ヴァレー・フォージでジョージ・ワシントンと出会っており、のちにワシントンはマーシャルの良き指導者になった（後年、マーシャルは五巻に及ぶワシントンの伝記を執筆した。マーシャルの伝記を執筆したヘイスティングス・ロースクールのジョエル・リチャード・ポール教授によると、数ある大統領の伝記の中でも、この伝記は失敗に終わった最初の作品とのことである）。

独立戦争終結後、マーシャルはウィリアム・アンド・メアリー大学の法律コースに入学したが、ジェファソン（彼は最優等の成績で卒業していた）と異なり、六週間通っただけで退学した。それにもかかわらず、マーシャルは司法試験に合格し、ヴァージニア州で弁護士の資格を獲得した。

十分な教育は受けていなかったが、マーシャルは法律の意味や使い方を習得し、口頭及び書面での弁護スキルを磨き、すぐさま、ヴァージニア州法曹界のリーダーの一人に躍り出た。当時の慣行として、彼が扱う領域は非常に広く、遺言状、証書、契約書の作成、必要があれば複雑な商事事件の訴訟手続、さらに、持ち込まれた刑事事件の対応など、あらゆるものを扱った。法廷では、ジェファソン、エドムンド・ランドルフ、パトリック・ヘンリー、ジェームズ・モンローが活躍していたが、マーシャルはすぐに、トップクラスの弁護士であるとの評価を確立した。このことが、天性の才能を示すものなのか、それとも、不屈の努力を示すものなのか、いずれにせよマーシャルは理想化されたアメリカ人像の古典的な例、すなわち、叩き上げの人であることは間違いなかった。また、そのことが、陽気で、誠実で、頼りがいがあり、見栄えが良く、控えめで、人脈豊かで、人に自信を持たせる能力を備えた人物であるという、誰もが口を揃えていう彼の評判を貶めることもなかった。

他の法律家と同様に、マーシャルも政治に強い関心を有しており、のちに一七八七年の合衆国憲法の起草と批准をめぐる論争につながる混乱の中で、強力な中央集権国家を志向するフェデラリストの側についた。片や著名なヴァージニアの人たちの多くは、ヴァージニア州は旧一三植民地の中で最も広大な面積を誇り、裕福であると認識していたため、諸州はほぼ完全な主権を保持すべきであるとする、反フェデラリストの側に立っていた。フェデラリストが勝利を収め、合衆国憲法が批準された時、マーシャルは事実上、フェデラリスト（彼らの主たる拠点はニュー・イングランドである）が彼らの主義主張を説明してくれる南部出身者を必要とする時に頼るヴァージニア人になった。

しかしながら、ついにマーシャルがアメリカ合衆国を代表する有名人になったのは、いわゆるXYZ事件が発生したことによる。一七九七年、新しく大統領に選出されたジョン・アダムズは、フランスによるアメリカ船舶の拿捕の解決について交渉させるため、マーシャルと他の二人の特使、チャールズ・ピンクニーとエルブリッジ・ゲリーをパリに送った。フランスによるアメリカ船舶の拿捕は、継続中の英仏戦争の影響を受けて発生したものだった。アメリカの特使三人がパリに到着した時、フランスの外務大臣シャルル＝モーリス・ド・タレーラン＝ペリゴールの密使三人――X、Y、Z――が順番にやってきて、外務大臣との会談を実現するための費用として賄賂を要求した。アメリカ特使三名がフランスとの交渉を犠牲にして、断固として賄賂の支払いを拒絶したことがのちに明らかになるや、この三名は全国的なヒーローになった。

一七九八年六月にマーシャルがフランスから帰国すると、彼の栄誉を讃えてパレードが行われ、通りに群衆が並んだ。それから一年も経たずに、マーシャルはヴァージニア地区の連邦議会議員に選ばれた。なお、ヴァージニア地区は、元々はリパブリカン党（リパブリカン党、あるいはジェファソン派で、反フェデラリストの後継組織である）の地盤であった。その一年後の一八〇〇年五月、アダムズ大統領はマーシャルを国務長官に任命した。

マーシャルが国務長官に就任してから間もない一八〇〇年一一月に行われた国政選挙でリパブリ

カン党がフェデラリスト党を圧倒し、上院下院の双方で多数派を形成した。その後に行われた選挙人団の投票で、当初はアーロン・バーと手を組み、その時には袂を分かっていたジェファソンが大統領に選出された（数年後、マーシャルは長官として、アーロン・バーに対する反逆罪の裁判で裁判長を務めた。本件は、ジェファソンには残念なことに、マーシャルが陪審に対し、バーを放免するように命じて終了した）。

リパブリカン党の勝利に対応するため、レームダック〔死に体〕に陥ったフェデラリスト党は、説得すれば任命を引き受けてくれる党員で裁判官のポストを埋めていこうと決定した。その最初の例がマーシャルで、一八〇〇年の選挙で落選し任期満了でこれから辞めていくフェデラリスト党の議員が多数派を形成している上院から、一八〇一年一月二七日、第四代合衆国最高裁長官の就任の承諾を得た。

マーシャルは他の著名な法律家と同様、最初は合衆国最高裁裁判官に指名されることを拒否していた。実際、当時は合衆国最高裁の裁判官になるのは特別なことではなかった。なぜなら、合衆国最高裁の審理に付すことができたのは、ほとんど海事事件に限定されていたからである。本物の訴訟は州の裁判所で扱われていた。合衆国最高裁の裁判官たちは、ワシントンから遠く離れたさまざまな場所で裁判を開くため、賄い付きの下宿屋で一緒に寝泊まりをし、ぬかるんだ泥道や険しい場所を通って各地を巡回しなければならなかった。

ジョエル・リチャード・ポールは、マーシャルの伝記（『先例なし〔*Without Precedent*〕』）で、マーシャルが長官を引き受けたのは義務感からであると推測している。マーシャルはジェファソンのことを、偽善者で煽動的政治家と見ていたとポールは特に指摘している。

マーシャルは、人生のすべてにおいて、つまり少年時代の極貧生活に始まり、大陸軍に従軍し、ヴァージニア州で政治闘争を行っている期間であるが、マーシャルの家族が享受できなかった人的・物的財産のすべてを備えて生まれた従兄弟と激しい闘争を繰り広げてきた。（マーシャルにとって）ジェファソンは、過激なイデオロギーの信奉者であり、マーシャルはフランスのイデオロギー信奉者がどれほど法の支配を根本から腐らせてきたのかを目撃してきた。ジェファソンは心からの共感を欠いた人物であり、思想的には攻撃しているはずのエリート主義をまさに体現していた。このような状況下で、マーシャルは合衆国最高裁判所長官を引き受けたが、自分のことをジェファソン派による猛攻から合衆国憲法を守る砦になろうと考えていた。

おそらく、実態はそうなのであろう。しかし、ジョエル・リチャード・ポールが指摘しているように、ヴァージニア州におけるマーシャルの地盤は完全にリパブリカン党の勢力下に戻っていたので、マーシャルの政治家としてのキャリアは先が見えていた。

さらに、合衆国最高裁にポジションを得ることは、安定的な収入が得られることを意味した。マーシャルの弁護士としての業務は、彼がワシントンに滞在している期間は休止するので、合衆国最高裁長官に支払われる四〇〇〇ドルと同程度に稼ぐことはできそうにもなかった。マーシャルは全国的な有名人になると公言していたのであるから、そのような立場につくことにおそらく決まりの悪さは感じていなかった。また、マーシャルは、今日では「ポトマック熱」として知られる典型的な政治的野心とも無縁ではなかった。

マーシャルは、レームダックに陥ったフェデラリスト党の指示に従って裁判官の任命を受け入れたフェデラリスト党員の中に多数の仲間を有していた。落選して議会から去る直前のフェデラリスト党員が多数派を形成していた議会は、連邦巡回区控訴裁判所に一六人の裁判官の枠を、連邦治安裁判所（下位の裁判所）に新たに四二人の治安判事の枠を作った。これらのポジションはすべて、フェデラリスト党が指名した者で独占され、アダムズ大統領が最後の執務日に任命した者で占められた。アダムズ大統領が任命書に署名したのが真夜中だったので、「真夜中の裁判官」といった皮肉を込めた称号まで生み出した。ジェファソンにしてみれば、「フェデラリスト党は裁判所を要塞にして閉じこもり、その砲台から砲弾を発射したため、リパブリカン党の政策のすべてが打ち倒され、消し去られる羽目になった」のである。

ジェファソンもマーシャルも、マーシャルが合衆国最高裁長官にまで出世したことを、アメリカの精神をかけた闘いの一部であると見ていた。しかしながら、大部分は一族間の確執の一部のようにも見える。マーシャルの動機がどのようなものであれ、彼が長官のポストを受け入れたタイミングは非の打ちどころのないものであった。なぜなら、彼の在任中、合衆国最高裁の業務の規模と範囲は大きく拡大し、それに付随して合衆国最高裁の権限と重要性も拡大したからである。例えば、アメリカ合衆国の経済が成長し始め相互の結びつきを強めるようになると、州際通商を規律するのは州なのか連邦なのか、はたまた両者の協力の下に行われるのかという重大な問題が発生した。マーシャルに率いられた合衆国最高裁は、「ギボンズ対オグデン」事件判決（一八二四年）で、州際通商を規律するのは連邦政府の務めであると判示した。また、アレグザンダー・ハミルトンのリーダーシップの下、連邦財務省が銀行業務においてこれまでになく大きな役割を果たしていたが、連邦の課税権と通貨発行権が間接的に、連邦の中央銀行を創設する権限を付与することにならないかが問題となった。合衆国最高裁は、「マカロック対メリーランド州」事件判決（一八一九年）で、連邦政府に広範な権限行使を認める判断を下した。マーシャル率いる最高裁は、いろいろな方法で、州に対する連邦政府の権限を強化したが、その過程で、連邦の行政府の権限も強化したのである。

マーシャルは長官を三四年間務めたが、その間、合衆国最高裁は一一二九件もの判決を下した。特徴的なのは、八七件を除いて（マーシャルが法廷意見を執筆した五四七件中の三六件を除いて）、全員一致の法廷意見が出されたという点である。しかも、彼が長官に在任していた期間、合衆国最高裁の裁判官はフェデラリスト党とリパブリカン党にはっきりと二分されていたのである（のちにフェデラリスト党はホイッグ党に、リパブリカン党は民主党になる）。全員一致の法廷意見が形成されたのは、もちろんマーシャルの人柄や性格によるところが大きいが、それ以上に、合意形成に努めた彼の情熱のたまものと言ってよいだろう。実際の問題として、七人の裁判官は、同じ下宿に寝泊まりをしたことで、お互いを尊重し合う方が良いと考えたに違いない。しかし、全員一致に達するのが比較的容易だったのは、おそらく、当時はまだ拘束力ある先例に縛られることがなかったため（彼らはしばしばイギリス法を参照した）、無地のキャンヴァスに絵を描くことができたからである。この時の裁判官は、将来世代を拘束することになる先例を文字通り作り出していることを自覚していたため、この裁判官たちは一つのグループとして、妥協と合意形成を行える状態になりやすかったのかもしれない。

この傾向は、マーシャルが長官に就任してすぐに導入した重要な改革によって一層強められた。彼が長官に就任する以前においては、個々の事件でそれぞれの裁判官が、それぞれ口頭で意見を表明していた。これは、イギリスの裁判所のスタイルであった。しかし、マーシャルは、合衆国最高裁が一つにまとまって行動し、口頭で言い渡した後に文書化された一つの意見（全員一致が無理な場合は、一つの多数意見）を出せば、合衆国最高裁の権威が高まると考えた。

しかしながら、あまりにも多くの歩み寄りがなされたことにより、それに起因する問題が発生した。一般論として、英米法系の司法制度は一貫性と予測可能性に価値を置く。他方で、歩み寄りに向かう傾向のある裁判所の判断は曖昧であり、将来にわたって適用されるのかが不明確である。判決文の中で強力な司法審査を意味する言葉が用いられているが、マーシャルが合衆国最高裁で築き上げた歩み寄りは、必然的に、行政府の違法な活動に対するほとんど隠しきれていない服従を意味することになる。マーシャルが在任中に下した判決の中で最も著名な二件の判例、「マーベリー対マディソン」事件判決（一八〇三年）と「チェロキー国家対ジョージア州」事件判決（一八三一年）を検討してみよう。

「マーベリー対マディソン」事件判決は、合衆国最高裁が、合衆国憲法の意味を最終的に決定する権限が合衆国最高裁にあるときっぱりと宣言し、ある連邦法が合衆国憲法に違反する旨の判断を下して違憲立法審査権を行使した最初の判例として引用されるのが通常である（なお、最高裁はその後、五四年間、ドレッド・スコット事件判決を下すまで、違憲立法審査権を行使しようとしなかった）。しかし、「マーベリー対マディソン」事件判決については、合衆国最高裁がどれだけ大統領の権限に従属したのかという点について、もっと注意して分析する必要があるだろう。

本件の事実関係は一風変わったものであり、今日であれば間違いなく、マーシャルは審理に加わることを辞退したであろう。一六名の連邦巡回区控訴裁判所裁判官（これにはマーシャルの弟のジェームズ・マーシャルも含まれる）と四二名の治安判事の指名は、アダムズ大統領の執務期間のまさに最終日に、フェデラリスト党が多数を占めていた上院で承認されたが、それが効力を発するのは、正式な任命書に大統領と国務長官が署名し（こくじも押しておかなければならない）、指名された者に交付された時点である。一八〇一年三月三日、それはアダムズ大統領が執務を行う最後の日であったが、これから職を離れる国務長官――すなわちマーシャル――は、すべての任命書（これには大統領の署名がしてある）を準備して、一六名の連邦巡回区控訴裁判所裁判官（ジェームズ・マーシャルを含む）に交付した。しかしどういうわけか、四二名の治安判事への任命書交付手続をおろそかにしてしまった。その任命書は翌日、国務省の空っぽになった彼の執務机で発見された。後日、新大統領のジェファソンは、フェデラリスト党が裁判所を乗っ取ったことに依然として強い怒りを覚えていたが、暫定的な国務長官であるリーヴァイ・リンカーン・シニアに対し、一七名の任命書を交付しないように命じた。その中には、ウィリアム・マーベリーの任命書も含まれており、彼は治安判事に就任するはずだった他の者とともに訴訟を提起した。

マーベリーと共同原告は、合衆国最高裁に、当時の法律家には馴染み深かった緊急申請、すなわち理由開示命令の発付を求めた。これは、ジェームズ・マディソン（その時点で国務長官を引き継いでいた）に対し、職務執行令状による職務執行の義務付けを受けない理由、すなわち、任命書の交付を強制されない理由を示すように要求するものである。これに対し、マディソンは、合衆国最高裁に管轄権があることを否定し、彼自身は出廷せずに弁護士を法廷に送った。ジェファソン大統領は、合衆国最高裁がジェファソンあるいはマディソンに任命書の交付を命じた場合、これに対する回答は拒否になるとあらかじめ知らせていた。

合衆国最高裁は、それでも四日間の証拠聴聞手続を実施した。その手続の期間内に、原告が治安判事就任の承認を受けていること、任命書には署名とこくじの押印が適切になされていること、が証明されなければならなかった。しかし、実際に署名した者、すなわちジョン・マーシャルを証人として呼ぶことはできなかった。なぜなら、彼は長官としてこの裁判を担当していたからである。

そのため、原告側弁護人は、ジェームズ・マーシャルの宣誓供述書を提出した。その内容は、本件の任命書には署名とこくじの押印がなされていることを個人的に知っていると主張するものであった。しかし、この宣誓供述書の内容は虚偽である可能性が非常に高かった。なぜなら、ジェームズ・マーシャルは、兄であるジョン・マーシャルが治安判事の任命書に署名したかどうかについて、おそらく個人的な知識を有していなかったからである。そうであるにもかかわらず、ジョン・マーシャルは裁判長として、弟の宣誓供述書を証拠として採用した。

証拠聴聞手続の数日後、マーシャルは全員一致の法廷意見を出した。合衆国最高裁は、①原告はそれぞれ任命書の交付を要求する権利を有すること、②マディソンが任命書の交付を拒否し、原告を治安判事と認めないことは完全に違法であると判示した。すなわち、「任命書の交付を差し控えることは、法の認める行為ではなく、確定している法的権利を侵害するものである」と判示した。さらにマーシャルは続ける。「アメリカ合衆国の統治は、人による統治ではなく法による統治と呼ばれている。もし、法が、確立している法的権利の侵害に対する救済を提供しないのであるならば、この高貴な呼称に値しないことになるだろう」。

合衆国最高裁によると、この違反に対する適切な救済方法は、行政府に対して任命書の交付を命じること（すなわち、職務執行令状の発付）である。一七八九年の裁判所法（連邦議会を通過した最初の裁判所法である）は、明文でもって、合衆国最高裁にその権限を付与していた。しかし、合衆国憲法の下、本件には関係しない例外が一部あるにせよ、合衆国最高裁の管轄権は、上訴された事件の審理に限定されていた。したがって、合衆国最高裁は上訴審として下した判断を執行するために職務執行令状を発付することはできるが、一七八九年の裁判所法が合衆国最高裁に対し、上訴手続とは無関係に職務執行令状の発付権限を認めている点は、マーベリーには気の毒なことに、合衆国憲法に違反するのである。

ジョエル・リチャード・ポールなどが指摘しているように、合衆国最高裁が上訴手続とは無関係に職務執行令状を発付する権限を有していないのであるならば、なぜ合衆国最高裁は最初からシンプルにマーベリーらの訴えを却下しなかったのだろうか。なぜ、四日間にわたる証拠聴聞手続を開いたのだろうか（この証拠聴聞手続は疑わしいものであり、ごまかしである）。いずれにせよ、合衆国最高裁は本件の審理をすべきでなかったのに、なぜ、任命書の交付をしないことを違法であると判断したのだろうか。

型にはまった回答としては、マーシャルは合衆国最高裁の権限を示す手段が欲しかったので、もっともらしい態度をとった、というものである。マーシャルの記憶すべき言葉に、たとえそれが連邦議会の制定した法律が違憲であると宣言することを意味するものであっても、「何が法であるかを述べるのは、断固として裁判所の権限であり、責務である」というものがある。しかし、この自信にあふれる主張がなされているからといって、マーシャルが二股をかけようとしていた事実に目を閉ざすべきではない。彼は最初に、行政府の行為は違法であり、合衆国最高裁が最終的な決定権限を有すると宣言する。しかし彼は最終的には、行政府が行ったと合衆国最高裁が判断した明確な法律違反に関して何かをする権限を持たないと判示する。

そのため、「マーベリー対マディソン」事件判決は、政府と正面から対立することは避けつつ合衆国最高裁の権限を明示した、巧妙に練られた策略であるというのが従来からの評価である。しかし、私の考えでは、それは部分的にしか正しくない。少々皮肉なことに、立法府の行き過ぎがあるからこそ裁判所に大きな権限が付与されることになるのであったとしても、合衆国最高裁は、連邦議会で制定された法律を違憲と宣言することによって、立法府の行き過ぎを抑制する権限が合衆国最高裁にあると明言したのである。しかし、法廷意見が任命書交付を拒否したマディソンの行為を違法であると明言していても、法律の執行や原告に認められた権利の擁護を拒否している場合に、合衆国最高裁が行政府について、憲法に責任を負う存在であると判断したなどと、どうして言えるだろうか。マーシャルは、まさに同じ法廷意見で、もし法律というものが何かしらの意味を持つのであるならば、権利侵害に対する救済でなければならないと判示しているが、法廷意見のどこを見ても、マーベリーが利用できる救済策は示されていない。マーベリー事件判決で示されているものは、行政府の権限に対する、裁判所の隠しようのない服従の姿勢である。

公正を期すならば、マーシャルが法廷意見を執筆したのは、合衆国最高裁が実際にその判断を遵守させる権限を有しているかが不確かな時代であり、彼の在任期間中、この状況に変わりはなかったことに注意が必要である。奴隷制度の是非のように、ますます国を二分するような問題に直面した時、合衆国最高裁が憲法の最終的な権威者として行動する責任を負うと繰り返し主張することは、マーシャルにとって勇気のいることだった。彼はこれを、人々を奮い立たせる威厳のある文体からなる一連の記念碑的判決の中で行ってきた。そして、そのような考え方が最終的に合衆国最高裁のとる立場だったことは疑う余地がない。

マーシャル率いる合衆国最高裁は、数多くの判断をしたが、①連邦政府と州政府の権限が重なる場合、連邦政府の権限が優越すると判断し、②州及び連邦の機関から侵害を受けた個人の財産権を擁護し（このアプローチはまさにマーシャルのフェデラリストとしての考え方を反映したものである）、③国際法をアメリカ合衆国法の一部にし、④アントニン・スカリア裁判官が合衆国最高裁裁判官に就任するまではそれほど疑問視されていなかった、発展的な憲法解釈を行った。しかし、この優れた判決のほとんどが、連邦の行政府の権限行使に対して異議が申し立てられた案件を扱ったものではない。

行政府の権限行使のうち、頻繁に法律に抵触していると思われる領域が、ネイティヴ・アメリカンの部族への対応である。マーシャルの在任期間の終わり頃、行政府とネイティヴ・アメリカンの部族との対立は、「チェロキー国家対ジョージア州」事件判決で頂点に達した。チェロキー族は、ジョージア州の西部地区の多くの部分を支配下に置いていた。しかし、一八二八年にその地域で金が発見されると、ジョージア州は金山を管理下に置き、チェロキー族の自治領に対する支配権があると改めて主張した。アンドリュー・ジャクソン大統領は、以前からネイティヴ・アメリカンとの闘争を繰り広げてきた人物であるが、チェロキー族をさらに西側の土地に強制的に移住させる計画を発表し、一八三〇年にインディアン移住法を強引に通過させた。この法律は、彼の計画を実行する権限を彼自身に付与する法律であった。

チェロキー国家はこれに抵抗して、合衆国最高裁に差止命令による救済の申立てを行った。その内容は以下の通りである。合衆国憲法第三編のある条項は、連邦裁判所の元々の管轄権（上訴審としてのものではなく直接的な管轄権）は、アメリカ合衆国と「外国またはその市民もしくは臣民」との間の争訟に及ぶと定めており、チェロキー族は、自分たちはこれに含まれると主張した。「マーベリー対マディソン」事件判決の時のマディソンと同様に、ジョージア州は出廷せず、合衆国最高裁には本件を審理する管轄権がないと主張した。また、ジャクソン大統領は、以前ジェファソン大統領が「マーベリー対マディソン」事件判決の時に行ったように、合衆国最高裁がチェロキー族に有利な判断を下したとしても、その判断を実行に移すつもりはないとあらかじめ表明していた。

マーシャルが執筆した法廷意見は、刺激的な文章から始まる。

本件の訴えは、政治的な共同体としてのチェロキー族を消滅させ、ジョージア州が利用するため、合衆国政府が正式な条約で繰り返し保障し、現在も効力を有する条約で保障されているチェロキー族の土地の押収を狙いとする州法を、ジョージア州が執行するのを差し止めるため、チェロキー国家が提起したものである。裁判所が同情心を示すことが許されるのであるならば、本件以上に同情心をかきたてる事例は想像できない。

しかし、「マーベリー対マディソン」事件判決の時と同じように、またもや落とし穴が用意されている。マーシャルが参照した条約はどれも明白にチェロキー族を独立国家と扱っている。しかし、「チェロキー族は合衆国憲法で用いられている意味での外国には当てはまらない」のである。そうではなく、チェロキー族を含むネイティヴ・アメリカンの部族は「国内従属国」である。マーシャルの信奉者でさえ復唱するのがためらわれる言葉で、マーシャルはネイティヴ・アメリカンの部族のことを「未成年者の立場にある状態」と表現している。彼は続けて、「ネイティヴ・アメリカンの部族とアメリカ合衆国の関係は、保護を受ける者と保護する者の関係に似ている。ネイティヴ・アメリカンの部族は我が政府に保護されることを期待していた。我々の親切心と権力を当てにしている。自分たちの望みを叶えるための救済を政府に求める。大統領を自分たちの偉大な父親と呼んでいる」と説明する。

だから連邦裁判所による救済は忘れよう。またしても、多くの研究者がこのやり方を抜け目のない戦略としている。すなわち、ジャクソン大統領のような人気の高い大統領と正面から対立するのを回避することを狙いとした戦略である。しかし、司法権に関するマーシャルの説明は口先だけのものである。連邦政府による救済は儚い望みであることを承知しているのに、善人ぶって、ネイティヴ・アメリカンは連邦政府の保護を受ける者なので、州による侵害に対する救済は、連邦裁判所ではなく連邦政府に求めるべきであると主張して、マーシャルは無実の者の権利をジャクソン大統領による行政府のむき出しの権限行使の生贄として捧げたのだ、という見方もできるのである。この判断に照らすならば、数年後に連邦政府が「親切心と権力」を行使して、チェロキー族に「涙の道」を越えて強制的に西に行進させ、その道中で数千人もの人々が死ぬことになったことも驚くには値しない。

もちろん、後から見れば、偉大な英雄にも思いがけない欠点があり、マーシャルと同程度に尊敬されるべき人物であり、マーシャルと同じく、連邦の司法制度の礎を築いた人物である他の最高裁判所裁判官たち、すなわち、オリヴァー・ウェンデル・ホームズ、ルイス・ブランダイス、ウィリアム・ブレナンにも欠点がないと考えることはできない。マーシャルはアメリカの歴史上、最も危機に瀕した時代に連邦の司法権を高めただけでなく、安全な場所にまで導いた。私は、連邦裁判所たるもの、いついかなる時も大統領の行為を制限するべきであると言いたいのではない。連邦裁判所の役割は、必然的に、公共の利益を実現するところにある。したがって、裁判所は、裁判官の政治的イデオロギーの影響を受けないのである。しかし私は、理由はどうあれ、合衆国最高裁はこれまで連邦議会よりも大統領に追随してきたと主張したい。しかもこの偏った傾向は、合衆国最高裁の黎明期に根付いたものである。

第12章
裁判所をあてにしてはならない
DON'T COUNT ON THE COURTS

前章で示したように、合衆国最高裁判所はその初期の時代から、連邦政府の立法部門よりも行政部門に対して擁護的であった。ジョン・マーシャル最高裁長官の時代[*17]より前から、この傾向は表面化し始めていた。というのも、憲法自体は最高裁の権限を対・行政府と対・立法府とで区別していないが、フェデラリスト・ペーパー[*18]を精読すると、建国者の一部、とりわけアレグザンダー・ハミルトンは、裁判所を行政府よりも立法府に対する抑止と見ていたことが分かる。司法の責任を記述した中心的なフェデラリスト・ペーパーである『ザ・フェデラリスト』第七八号で、ハミルトンは司法を「最も危険の少ない」部門と性格付けた上で（裁判官は「剣と財布[*19]」に対する直接の権力を持たないからである）、「裁判所は、とりわけ立法府をその権限の範囲内にとどめるために、人民と立法府との間の中間機関として設計された」と述べたが、行政府を制限することに対する裁判官の同様の責任についてはどこにも言及していない。

『ザ・フェデラリスト』第七八号によれば、連邦議会の責任を追及する裁判所の責任は、立法の合憲性に対する司法審査権を通じて全うされる。しかし、第11章で説明したように、この権限は初めて行使された最も著名な事件である「マーベリー対マディソン」事件判決（一八〇三年）で、最高裁は、行政府がちょうど望む通りに手続を進めることができるように、連邦議会の制定法を違憲とした。

以後二〇〇年にわたって、最高裁は、違法とされる可能性のあるさまざまな行政行為への干渉を何かにつけて回避する方法を模索してきたが、マーベリー判決はその前兆であった。行政行為に対して司法の干渉を除外することを最も擁護しやすいのは、大統領の戦争権限の行使に関わる点である。大統領とその司令官たちにとって最も不要なのは、戦争の遂行をめぐる文民裁判所からの雑音である。しかし、第9章で説明した通り、エイブラハム・リンカーンからフランクリン・ルーズヴェルト、ジョージ・W・ブッシュ（さらに続く）に至るまで、大統領たちはこの敬譲を逆手にとって、明らかな違憲行為を犯してきた。

第9章で述べたように、大統領の戦争権限の下でなされた違憲行為には、次のものがある。リンカーンは戦時中に人身保護令状を停止したが、最高裁は南北戦争の終結後長期にわたりこれを無効としなかった。第二次世界大戦中のルーズヴェルトによる一〇万人以上の日系アメリカ人（その大半は米国市民であった）の抑留を当時の最高裁は是認し、二〇一八年になるまでこれを明示的に疑うことはなかった。テロとの戦いの中で、拷問、秘密傍受、外国人の無期限の抑留がブッシュにより承認されたが、そのほとんどは法廷での争点化を免れてきた。

＊17　本書第11章を参照。

＊18　一七八七年から八八年に、アレグザンダー・ハミルトン、ジョン・ジェイ、ジェームズ・マディソンの三人の弁護士によって、ニューヨークの新聞紙上に発表された七七編の論文で、合衆国憲法への擁護論が展開された。後に、八編を加えて、アメリカ政治思想の古典として名高い『ザ・フェデラリスト』として出版された。

＊19　武力と財力の比喩。

しかし、いかなる形態の戦争も関係しない場合においても、軍の運営に関わる訴訟は事実上すべて、最高裁の管轄外であると考えられている。「合衆国対スタンレー」事件（一九八七年）が、良い例である。一九五八年、軍人のジェームズ・B・スタンレーは、表向きには化学戦争の実験プログラムとされるものに志願した。そのプログラムの過程で、人体への薬物の影響を検証するという軍の計画の一環で、彼は密かにLSDを投与された。そのために彼は深刻な人格変化を生じ、結婚の解消にまで至った。しかし、彼が政府を提訴しても、最高裁はこれを即座に棄却し、「軍役に伴う活動から、またはその活動中に生じた」傷害に関して、非軍事裁判所に訴訟を提起することはできないと判示した。

裁判所は、戦争や軍事に少しでも関わることの大部分を有意な司法審査の埒外としてきただけでなく、国家の安全保障上の利益に資すると主張可能な行政行為に対しても、同様に無気力な敬譲を払ってきた。例えば、二〇一七年六月に、最高裁は「ジグラー対アバシ」事件の審理を行った。この訴訟は七〇〇名以上の不法入国者を代表して提起されたものだが、彼らは九・一一以降に検挙され、テロとの関連性を疑う実体的な根拠を政府が持ち合わせていなかったにもかかわらず、何か月も拘禁された。彼らは拘禁中、裁判所自身の言葉によれば、非常に「過酷な状況」に置かれた。例えば、刑務官らは、「被拘禁者を壁に叩きつける、腕・手首・指をねじり上げる、骨折させる、テロリスト呼ばわりする、暴力で脅す、屈辱的な性的発言を向ける、彼らの宗教を侮辱する」などしたと申し立てられている。それにもかかわらず、第二巡回区控訴裁判所の判決を覆した最高裁は、このような訴訟は、「行政府の機密機能に裁判所が干渉することを求めるものである」などとして、これを棄却した。それどころか、最高裁は、司法は、「国家安全保障に不可欠である……と行政府が判断したものに対する敬譲」を相当程度持つべきであると述べたのである。

実際、最高裁だけでなく連邦下級裁判所でも、国家安全保障という守護霊召喚のような論法は、さもなくば司法審査を通らないようなあらゆる種類の行政行為のための隠れ蓑として使われ続けている。例えば、「メリダ・デルガド対ゴンザレス」事件（二〇〇五年）では、パナマ在住の男がオクラホマ州で受けていた飛行訓練を途中で打ち切られたが、そこには彼が「航空安全または国家安全に対する危険」であるとの司法長官の判断があった。デルガドが米国市民ではないことと、九・一一テロの関与者の一人が彼と同じ学校で訓練を受けていたという事実以外に、この判断に明白な根拠はなかった。しかし、第一〇巡回区控訴裁判所は、「国家安全保障に密接に関連する事項への裁判所の介入が適切であることはほとんどない」と述べて、デルガドの訴えを斥けた。

戦争や国家安全保障が関係しない場合であっても、大統領の外交権限に関わる事件では、ほぼ同等の敬譲が行政行為に対して示されてきた。例えば、「ニューヨーク市対国際連合インド政府代表部ほか」事件（二〇〇八年）では、ニューヨーク市が、さまざまな外国政府が所有する市内の建物のうち、外交事務所として使用されていない多くのフロアについての固定資産税の回収を求めた。この事件は、最初に私に配点され、私は市側に概ね有利な判決をした。しかし、本件の控訴中に国務省は、外国政府が所有する不動産について、その一部が外交目的で使用されている限り（たとえ職員の住居であっても）、固定資産税を免除するという通達を出した。このことは第二巡回区控訴裁判所が原判決を覆すには十分で、国務省への敬譲は、「安全保障に対する何らかの懸念や国家間の互恵の問題に深く関係する領域において……特に重要である」と述べた。

これまでに挙げた例のほとんどで、裁判所は、形式的には行政行為に対する訴えを審理しているものの、実質的な争点を大部分で無視し、その代わりに行政府へのほぼ全面的な敬譲を払っている。しかし、裁判所は加えて、司法審査をことごとく否定するための一連の法理も作り出してきた。そのような法理の中で最も突出している二つ――「原告適格」の要件と「政治問題」に対する司法審査の除外――は、その定義が曖昧であるのと同様に、その帰結もしばしば残念なものとなる。

原告適格の法理の下では、当該行為の直接の結果として、過去または現在の具体的損害を受けた者でなければ、連邦裁判所で行政行為に対する異議申し立てをすることはできない。例えば、「ワース対セルディン」事件（一九七五年）では、ニューヨーク州ロチェスター市の低・中所得住民が、制限的な都市計画条例とその排除的な適用により、近郊のペンフィールド町への転居を事実上禁止されていることに対して、連邦裁判所でこの運用に異議を訴えた。しかし、最高裁は、「原告が主張する損害は、すべての市民または大半の市民が実質的に平等な条件の下で共有する「一般化された損害」である」ことを理由に、住民らは原告適格を欠くとした。換言すれば、違法な行政規制や行為が大勢の人々に広く影響するのであれば、誰も提訴できないということである。

結果として、行政による不正行為の大部分は連邦裁判所に訴えることができなくなった。さらに付け加えれば、たとえ政府による不正行為の被害者がこの限定的な原告適格の法理を満たす方法をどうにかして見つけたとしても、その不正行為の加害者から金銭的な救済を得られない可能性が非常に高い。なぜならば、検察官、行政官、その他のさまざまな政府幹部、及び政府全体に対して完全な免責を与えるその他の法理が、司法により生成されているからである。

それらの法理は、行政行為を抑圧的な負担から解放するという意味でしばしば正当化されるものの、要するに、「国王は悪をなし得ず」という絶対君主制下の観念にまで遡ることができるような、主権免除の古びた概念から派生したものである。実際には、これらの免責は、政府の不正行為に対する訴訟の中で原告適格の障壁をなんとか乗り越えることができた稀な事例であっても、限定的な抑止効果しか持たない空虚な勝訴に終わることが多いことを意味する。

同様に広範囲で、同様に不明瞭なのが、いわゆる政治問題を司法審査の対象から除外する法理である。この法理がどういう意味なのか、実は誰も分かっていない。最高裁がこの法理の定義付けに最も近づいたのは、「ベーカー対カー」事件（一九六二年）での冗長で複雑な次のような判決である。

政治問題を含んでいると判示されたいずれの事件でも、事案上次の点が顕著である。すなわち、当該問題を対等の政治部門に委ねていることが文言上明白であること、あるいは、これを解決するための、司法上発見可能かつ管理可能な基準が欠如していること、あるいは、非司法的裁量に委ねられることが明らかな初期の政策決定なしには判断が不可能であること、あるいは、対等の政府部門への敬意を欠く表明をせずに裁判所が独自の解決を図ることが不可能であること、あるいは、すでになされた政治決定を遵守する特別の必要性があること、あるいは、一つの問題に関して複数の部門が多様な言明をすることにより困惑がもたらされる可能性があること、である。

この判示を理解できないのはあなただけではない。例えば、ゲリマンダリング[*20]に対する異議をめぐって、最高裁は、連邦裁判所が裁くことのできない政治問題であると判断する場合もあれば、その逆の判断をする場合もある。実のところ、「政治問題」の法理は、連邦裁判所がこれを適用するかしないかを予測できないほどに曖昧なのである。それでも、この法理は、困難な問題を裁判所が回避することを選択した時に手軽な口実を提供している。

これまで挙げた各種の実例は、たとえ行政の行き過ぎが憲法に違反する場合であっても、行政に対する有意な審査を裁判所が回避することを選択した数多くの手法を網羅できているわけではない。例えば、「シェブロン対天然資源保護協議会」事件（一九八四年）における最高裁判例の下で、連邦裁判所は、関係法令・規則をめぐる行政当局の解釈に対して実質的な敬譲を示した。これは第11章で引用した、「マーベリー対マディソン」事件判決におけるジョン・マーシャル最高裁長官の「法とは何かを説明することが断固として裁判所の本分であり、義務である」という有名な判示から遠くかけ離れているように見える。

行政行為への司法審査に対するこれらの制限のすべてが、裁判官によって生み出されたわけではない。連邦議会は、各州の当局者による違憲行為を連邦裁判所が審査する管轄権を制限することに後ろ向きではなかった。前章までに論じた一九九六年反テロリズム及び効果的死刑法（AEDPA）の下では、当該違法行為に対する州裁判所の承認が、「明確に確立された」連邦法に違反している場合に限り、州による不当な拘禁に対する連邦裁判所の審査が可能とされている。もしもAEDPAが四〇年早く施行されていたならば、弁護人を依頼する資力のない被告人のために州が弁護人の援助を提供することを義務化した「ギデオン対ウェインライト」事件判決（一九六三年）のような、数多くの最も画期的な判決にウォーレン最高裁長官下の法廷が到達することは阻まれていたであろう。

それでも、上記の制限の大半は、最高裁が作り出したものである。ルイス・ブランダイス裁判官が一九三六年にすでに述べていたように、「最高裁は、その管轄内であることを自認する事件における自己の統治のために、判断を迫られる憲法問題の大部分について判決することを避けて一連のルールを発展させてきた」のである。上記の通り、このような回避は、行政行為に対する審査に関して特に顕著である。そこで、「裁判官たちが、行政行為が法を遵守するものであるか否かを判断する自らの権限に、これほどまでに厳しい制限を設けることを選択したのはなぜなのか？」という

＊20　選挙区の区割りを恣意的に行うこと。

ことが、問われなければならない。

明らかな理由の一つは、裁判所が司法判断の実現を最終的には行政府に依存していることである。『ザ・フェデラリスト』第七八号でハミルトンが述べたように、「司法は……力も意志も持たず、ただ判断するのみである。そして、その判断の効力さえも、最終的には行政府の助力に依存しなければならない」。第11章で論じたように、「マーベリー対マディソン」事件判決が出る前に、ジェファソン大統領は、仮に最高裁がマーベリーへの任命書を交付するようにマディソンに命じた場合には当該判決の執行を拒否することを公言していた。そして、第9章で言及したように、アンドリュー・ジャクソン大統領は、最高裁がネイティヴ・アメリカンに有利となる数少ない判決の一つを出した時、「ジョン・マーシャルの判断なのだから、彼にそれを実行させればいい」と言ったと伝わっている。

最近では、アイゼンハワー大統領が、学校統合を実行する目的でアーカンソー州リトルロック市に軍隊を派遣することを最終的に決定する前に、当初はためらっていたことが指摘されている。[*21] 南部州の知事の多くがすでに学校統合の執行を拒否する旨を宣言していたため、もしもアイゼンハワーがついに行動を起こしていなければ、前世紀における最も重要な最高裁判例である「ブラウン対教育委員会」事件判決（一九五四年）は無効化されていたであろう。連邦裁判官の多くが、自分たちの判決を執行するためには、行政府と良好な関係を保つ必要があることを心の奥底では認識しているように思われる。

執行の点はさておいても、最高裁は、政治的な機関としてではなく客観的に法を認定し適用する機関として認識されるように、政争から超越した存在であり続けることへの願望をたびたび表明してきた。この古くさい志向は、「ブッシュ対ゴア」事件判決（二〇〇〇年）から「シティズンズ・ユナイテッド対連邦選挙管理委員会」事件判決（二〇一〇年）に至るまで、定期的に否定されてきたが、それほど議論の余地を残さない事件では、一定の効力がまだあるかもしれない。また、権力の分立にかかる憲法原理が、最高裁が何らかの準立法機関になることを禁じているのは間違いない。

それゆえに、一部の裁判官（最高裁裁判官であったフェリックス・フランクファーターなど）や法学者（イェール大学の法学教授であったアレグザンダー・ビッケルなど）は、国民の総意が未だ形成されていない論争的な問題に対して、法的判断を下すことを避けるという裁判所の「受け身姿勢の美徳」を称賛した。ビッケルの言葉によれば、裁判所がある問題を判断するかどうかを選択する際の問いは、「どの原則をどのように判断するかだけでなく、いつ、どのような状況で判断するか」でなければならない。フランクファーターはさらに踏み込んで、ゲリマンダリングに言及することを回避した

＊21　一九五四年のブラウン事件判決で、公立学校での白人と黒人の分離教育が違憲と判断され、融合政策が進められていく中で、一九五七年に、アーカンソー州リトルロックのそれまで白人だけが通っていた高校への黒人生徒の登校を阻止するため、州知事が州兵を投入したことから、市長の要請を受け、当時のアイゼンハワー大統領が、軍兵を派遣し、九人の生徒が軍兵に護衛されながら登校した（リトルロック事件）。

最高裁判決の中で、「裁判所は、この政治的な藪の中に入ってはならない」と締めくくっている。

言い換えれば、この考え方に従うと、憲法から裁判権を与えられている連邦裁判所が、紛争を裁くべきではないということになる。一見、これは職務怠慢にも思えるが、実は、最高裁は他の多くの判例で、管轄権を行使する「揺るぎない責務」に頻繁に言及しているのである（一貫性を保つことは最高裁の得意分野ではない）。いずれにしても、こうした自覚的な回避では、意図した目的を達成できないことが多い。それは判断を下したことと同等であると民衆によって受け取られるからである。ロジャー・トーニー最高裁長官は、一八五七年のドレッド・スコット事件判決——憲法は奴隷に市民権を与えていないという理由で、スコットの原告適格を否定し、自由州に行ったことをもって奴隷が自由人になるのかという主要な争点を回避した——を出すことで、奴隷論争に最高裁が巻き込まれることを避けたと言われている。しかし、現実は真逆で、同判決は奴隷制の承認であると見なされ、北部全域で全面的に批判された。

そもそも、「政争から超越する」という指針は、司法が、政府の他部門を抑制する役割を果たし、彼らが法律を遵守していることを確保すべきであるという基本的な考え方と到底合致しない。容易なことでもないし支持を集めるような任務でもないが、裁判所のほかにこれを担うものはいない。ハリー・トルーマン大統領の有名な言葉の通り、「暑さに耐えられないなら、台所から出て行けばよい」のである。

とはいえ、裁判所が主に自らの判断で、行政行為の司法審査を制限する多くの法理を作り出してきた今となっては、一晩でこれを変えることは容易ではない。このことは、英米のコモン・ロー的司法では、特に当てはまる。司法における確実性と予測性を確保するために、過去の判例に大変な重きが置かれており、ヨーロッパやアジアの大半のいわゆる市民法系に比べて、成文法による拘束が弱いからである。

それでも、裁判官が作り出した法理は裁判官によって壊すことができる。また、行政の行き過ぎが、最高裁に介入を納得させるほど極端な時もある。例えば、一九五二年にトルーマン大統領が、ストライキが長引いている国内の製鉄所の接収を「戦争権限」により正当化しようとした時が、これにあたる。トルーマンは、当時は朝鮮戦争に従事していた軍へ鉄鋼を十分に供給するために接収が必要であったと主張したが、最高裁は次のように判示してこれを否定した。「たとえ「戦場」が拡張的な概念であるとしても、当裁判所は、我が国の立憲制度への忠誠の下で、労働争議で生産が停止することを防ぐ目的で私有財産を占有する究極的な権限が軍の最高司令官にあると認めることはできない」。同様に、ウォーターゲート事件の捜査にあたって、日常会話を録音したテープの提出を拒んだニクソン大統領が、提出すれば行政特権と権力分立の両方に違反することになると主張したが、それでも最高裁はテープの開示を命じたところ、感心なことに、ニクソンはこれに従った（ドナルド・トランプが同じような状況で応じるかどうかは、これから試されるかもしれない）。

しかしながら、司法による行政への敬譲に関する例外ははるかに少ない。より頻繁に有意な司法審査が行われないのなら、大統領は自らの企てを実現するために、憲法上の権限を逸脱する誘惑に駆られることになるだろう。独立宣言は、事実上、ジョージ三世の似たような逸脱行為に対する反動である。この前例をはっきりと踏まえれば、建国の父たちが、完全に独立した司法府が、まずは立法府に対して、さらには合衆国大統領に対してさえ、公平な立場で憲法を執行できるように、憲法を設計したというべきである。この憲法設計が実現されないままであるならば、それは悲劇である。

第13章
法廷に立つ日は来ない
YOU WON'T GET YOUR DAY IN COURT

これまでの章では、刑事司法制度の目標を実現する上での頻繁かつ広範な失敗から、特に行政府の行き過ぎに対する合衆国最高裁判所による法の実現の度重なる失敗に至るまで、あらゆることについて述べてきた。しかし、私たちの裁判制度には、対処する必要がある、ある意味でさらに根本的な問題がある。過去数十年の間に、一般のアメリカ人はますます裁判所への効果的なアクセスを拒否されるようになってきたのである。

その理由はいろいろあるが、①弁護士を雇う費用のますますの高騰、②訴訟を終結まで追求するために訴訟当事者が支払わなければならない弁護士費用以外の費用の高騰、③予想される報酬額が小額である場合に成功報酬ベースで事件を受任することを望まない弁護士の増加、④組合員に無料の訴訟代理人を提供する組合やその他の機関の衰退、⑤強制仲裁の適用、⑥集団訴訟に対する司法の敵対心、そして⑦法的紛争の監督官庁への転換の増加が挙げられる（刑事事件の場合、すでにこれまでの章で述べたように、裁判になると重い刑罰を受けるリスクが大幅に高まるという八つめの要因がある）。

これらの理由などにより、通常の法的紛争を抱える多くのアメリカ人は、法律で保障されていると想像していたような法廷での一日を手にすることができないのだ。その結果、多くの法的紛争が裁判官によって判断されることは稀であり、陪審員によって判断されることなどほとんどないのである。さらにもう一つの帰結は、行政府と立法府の権力に対するチェック機能を果たし、法的紛争を解決する独立した場としての司法の機能が大幅に低下したことである。しかも、唯々諾々な司法当局の了解の下でだ。

過度な負担と過密な審理を抱える裁判所について聞き慣れた人には、意外に思われるかもしれない。こうした非常に現実的な負担は、多くの議会が数十年にわたり、人口増加やそれに伴う訴訟件数の増加に少しでも見合った割合で、新しい裁判所や新しい裁判官のための資金を提供することを拒んできたことを一部反映している。しかし、こうした事実はさておき、裁判所の訴訟記録の変化を詳しく見てみると、いくつかの不穏な傾向があることが分かる。

全米州裁判所センター（National Center for State Courts）がまとめた統計によると、一九七〇年までは、訴訟を起こすか被告となる個人の大多数が弁護士によって代理されていた。しかし今日、州裁判所における三分の二にも及ぶ個人の民事訴訟当事者が弁護士を介さずに自分で訴訟を行っている。実際、州によっては、ほとんどのアメリカ人にとって最も一般的な法的紛争である家族法（family law）や住宅法（housing law）の全事件の九〇パーセントにおいて弁護士を代理人としない当事者が少なくとも一人はいるという驚くべき数字も出ている。

弁護士が代理していない個人の敗訴率は、弁護士が代理している場合よりもかなり高い。例えば、住宅ローン案件の差押えの場合、弁護士がついていないと、家を失う可能性が二倍になる。また、別の例を挙げれば、家庭内暴力の被害者の場合、弁護士がいなければ保護命令を得られる確率は五〇パーセント以上下がる。あらゆる事件について確かな統計があるわけではないが、州判事や連邦判事を対象にした調査によれば、弁護士が代理していない当事者は、弁護士が代理している当事者に比べて、たとえ裁判官が弁護士の不在を補おうとしても、はるかに不利な結果となることが繰り返し明らかになっている。

これは驚くべきことではない。裁判官がより積極的な役割を果たすヨーロッパの多くの法制度とは異なり、アメリカの法制度は「当事者主義（adversary system）」であり、ジョン・ロバーツ最高裁判所長官の言葉を借りれば、裁判官は単にどちらの当事者が試合に勝ったかを判断する「審判員（umpire）」の役割を果たすに過ぎない。この譬えは大袈裟かもしれないが、弁護士の法学教育を受けておらず、現代法の複雑さに精通していない一般の人たちが、弁護士を代理人とする当事者に太刀打ちできることはほとんどないという事実に変わりはない。実際問題として、このような代理人のいない訴訟当事者は、法廷での公平な一日を事実上与えられていないのだ。

代理人を立てない訴訟当事者が、弁護士を雇う余裕がないために弁護士を立てずに法廷に立つことを選んだ原告である場合、これは十分にマズいことである。しかし、最近では、代理人のいない被告が、弁護士を豊富に抱える機関によって法廷に引きずり出されるケースが増えている。例えば、リーマンショックが裁判所に与えた最も直接的な影響は、銀行やその他の住宅ローンの貸し手が債務不履行者に対して起こした差押え手続の大幅な増加であった。多くの場合、住宅ローン・ブローカー（mortgage brokers）にそそのかされて過剰な住宅ローンを組み、必然的に債務不履行に陥った不幸な住宅所有者は、弁護士を雇って弁護してもらうお金もないまま差押えに直面したのである。

その後（コロナ禍の前に）経済が改善したにもかかわらず、この危機は続いた。例えば、ニューヨーク州では、二〇一五年に提起された州裁判所の民事事件のほぼ三分の一が差押え訴訟であった。

これらの事件では、公益団体による法的代理人を提供する活動が一層強化されたにもかかわらず、被告の四〇パーセント近くが代理を立てられなかった。同じ傾向は、賃借人に対する立ち退き手続にも見られる。例えば、ニューヨーク市住宅裁判所（NYC Housing Court）では、二〇一五年に訴えられた被告（賃借人）の七〇パーセントが弁護士をつけていなかった。

より一般的には、多くのアメリカ人が法廷で代理を立てられない主な理由は、中程度の経済力を持つ人たちでさえ弁護士を雇う余裕がないからだというのが大方の見方である。法的サービスの提供は、自由市場原理に従って運営されてきたわけではない。弁護士は、法学教育に莫大な費用がかかることを筆頭に、参入に大きな障壁があるギルドを構成している。しかし、過去数十年間で、日常的な紛争を処理するために弁護士を雇う費用は、平均的な収入や賃金の上昇をはるかに上回るペースで上昇した。一九八五年から二〇一二年の間に、法律事務所のパートナー弁護士（partners）[*22]の平均請求額は時給一一二ドルから五三六ドルに、アソシエイト弁護士（associate lawyers）[*23]の平均請求額は時給七九ドルから三七〇ドルに増加した。同時期のインフレ率の三倍以上の率で上昇したのである。

このように法的サービスの価格が大幅に上昇した理由は、経済学者の間でも意見が分かれている。

＊22　法律事務所の経営を担っている弁護士（所長を除く）。
＊23　パートナー弁護士の業務を補助する勤務弁護士。

しかし、その原因の一つに、法律の専門化が大きく進んだことがある。それに付随して、「かかりつけの弁護士」は「かかりつけの医師」よりもさらに珍しくなっている。一般的なアメリカ人は、雇用主や、最近では国が提供する保険でまともな医療を受けられることが多いが、手ごろな価格の法的保険は依然として稀である。その結果、法廷に行く、あるいは法廷に引きずり出される多くのアメリカ人が、弁護士による弁護を受けられないだけでなく、未知数ではあるが、おそらくさらに多くのアメリカ人が、自分たちになされた不正に対して法的救済を求めることができるにもかかわらず、単に弁護士を雇う余裕がなく、その代わりに正義を完全に放棄することを選ぶのだ。

さらに言えば、弁護士を雇う余裕のある個人でさえ、法廷に立つ機会はめったにない。むしろ、圧倒的多数のケースで、裁判の是非が問われる前に相手方と和解してしまう。これは、訴訟事件が比較的少ないため、和解を求める制度的圧力が少ない連邦裁判所でも同様である。一九三八年には連邦民事事件の約一九パーセントが裁判にかけられたが、一九六二年には一一・五パーセントに減少し、二〇一五年には一・一パーセントというひどい数字になっている。州の民事事件のデータは少ないが、州裁判所では状況がさらに悪化しているようで、現在、裁判に移行している州事件の割合は一パーセントにも満たない。そして、残りの九九パーセントの事件の一部は、公判前申し立てによって解決されるのは事実だが、大半の事件では、裁判官も陪審員も本案に関する決定を下すことなく当事者は単に和解するだけである。

公平に見て、法的紛争の公判前和解は望ましい結果となることが多く、重い裁判負担を抱える州裁判所の裁判官は積極的に和解を推奨する。しかし、民事事件の和解率がかつてないほど高まっている事実は、他の何かが和解への圧力をもたらしていることを示唆している。そして、それはおそらく訴訟にかかる莫大な費用であろう。例えば、アメリカでは、公判前の証拠開示、つまり書証の入手や宣誓証言の実施などが、世界のどの法制度よりもはるかに認められている。「不意打ちによる裁判」を防ぐという崇高な目標を達成するために考案されたとはいえ、このような広範な証拠開示は過度に費用がかかることが判明している。そのため、恵まれない当事者が不利な立場に置かれるだけでなく、一般の人がそもそも有益な訴訟を起こす意欲をなくすことにもなるのだ。

特殊な例として、アメリカの法制度には、弁護士が依頼人と成功報酬契約を結ぶことを認めることによって、弁護士費用の高騰を緩和しようとしてきた特定の一般的な不法行為事件がある。これらの取り決めの下では、依頼人は、敗訴した場合、弁護士に何も支払わない。しかし、勝訴または和解した場合、弁護士は勝訴金または和解金のかなりの割合を報酬として受け取ることができる。

しかし、成功報酬制は、法的サービスを受ける余裕のない一般的なアメリカ人の問題に対する、せいぜい限定的な対処法でしかないことが明らかになっている。一つには、成功報酬の取り決めは、訴えられる側ではなく、経済的に余裕のない訴える側の当事者にしかメリットがないということだ。また、ほとんどの裁判管轄の法曹倫理規程では、成功報酬ベースで訴訟を起こしたとしても、原告は、弁護士費用以外の訴訟費用を支払う個人的責任を負うことになり、その費用は数千ドルにのぼることが多い。さらに、成功報酬型弁護士は、相当数の事件を受任することで上手くリスクヘッジをしなければならないため、成功報酬の取り決めは、歩道で滑って転倒したことによる傷害など、同じ種類の不法行為が頻繁に、かつ予測可能に繰り返される場合にのみ機能する。また、成功報酬という取り決めが、法外な、あるいは捏造された訴訟を助長しているということが、被告のみならず多くの裁判官にも広く信じられている。最も重要なことは、現代の訴訟には時間がかかることから、成功報酬型弁護士のほとんどは、少なくとも数十万ドルの賠償金または和解金が約束されていない案件の受任を単純に拒否することであり、多額の訴訟を起こせない不法行為の被害者は法廷で争う日を得ることができないことだ。

また、かつては、弁護士を雇う余裕のない人たちは、所属する団体（たいていは労働組合）から無料で弁護士を提供してもらうこともあった。しかし、過去数十年間で、民間における労働組合の割合は着実に低下し、二〇一五年には、民間の労働人口のごく一部である六・七パーセントにまで減少した。したがって、労働組合が支払う法的代理の恩恵は、多くの政府労働者にはまだあるが、民間の労働者にはほとんどない。

法的サービスが高額すぎて手を出せないだけでなく、多くのアメリカ人は、たとえ弁護士費用を支払う余裕があっても、裁判に訴えることを完全に妨げるような一方的な契約に同意せざるを得ないことが増えている。例えば、労働人口の割合がますます増加する中で、従業員は、雇用条件として、雇用に関するあらゆる法的紛争が民間の仲裁人によって決定されることを義務付ける契約条項に同意しなければならない。

同様に、オンラインで商品やサービスを購入する消費者は、売主の弁護士が一方的に作成した利用規約に従うことが多くなってきており、この利用規約には、裁判を起こす法的権利や陪審員裁判を受ける憲法上の権利の行使を差し控え、その代わりに、売主とのあらゆる紛争を私的仲裁人によって決定することが定められている。

私的仲裁人は、通常、雇用者または売主によって選ばれて費用が支払われるだけでなく、通常の証拠法則をほとんど、あるいはまったく無視して自由に手続を進め、理由を述べることなく紛争を裁定できる。しかしながら、仲裁人が従業員や消費者に有利な裁定を下したとしても、仲裁人が従業員や消費者に与えられる救済には限界がある。例えば、会社が課した仲裁を義務付ける合意は、通常、懲罰的損害賠償の裁定や、同一または類似の苦情を持つ他者を含む集団訴訟の招集も禁止している。

後者は特に重要である。というのも、集団訴訟は、アメリカの法制度が高額の弁護士費用を相殺するために開発した数少ない手段の一つだからである。具体的には、企業の不正行為の結果として、多数の人々が同じ損害を被ったものの、弁護士費用を相殺できるほど大きな損害を被った者が一人もいないような場合、損害を被った当事者の一人または複数人が、損害を被った集団全体を代表して訴訟を提起することができる。その結果、弁護士が訴訟を起こして結果を出したくなるような十分に利益の上がる裁判となり、仮に原告に有利な結果が得られれば、企業に抑止効果をもたらすほど重大なものとなる。ほとんどの企業は、集団訴訟に対して懐疑論から恐怖心まであらゆる見方を持っている。しかし、前提となる契約が集団訴訟を明示的に禁止している場合、仲裁人の元に持ち込まれた紛争では集団訴訟を利用できず、ほとんどの前提となる契約が、ますます集団訴訟を禁止してきている。

従業員や消費者に押し付けられるこれらの契約は、法律上「附合契約」と呼ばれ、条項について争うことはもちろん、交渉する現実的な能力もない弱い立場の当事者に課される一方的な契約である。しかし、このことによって、裁判所、特に連邦裁判所がこれらの契約を実行することを躊躇してきたわけではない。

例えば、二〇一一年に、「AT&Tモビリティ対コンセプシオン」事件において、合衆国最高裁判所は5対4の判決を下し、仲裁を義務付け、集団訴訟を禁止する特定の附合契約は道理に合わず、実施しえないとするカリフォルニア州最高裁判所の判断を事実上覆した。合衆国最高裁判所は、アントニン・スカリア裁判官による意見の中で、カリフォルニア州最高裁判所の判断は、仲裁の迅速性と効率性を支持する連邦政府の政策に譲歩しなければならないと判示した。あたかも、憲法修正第七条で保障されている連邦の民事訴訟における陪審裁判を受ける権利（さらに、三つの州を除くすべての州憲法で保障されている州の民事訴訟における陪審裁判を受ける権利）が、時間の節約のために放棄されうる時代遅れの手続に過ぎないかのようである。

コンセプシオン事件判決は、一部の法律評論家からこじつけの論法と見なされ多くの批判を集めている。こうしたこじつけの論法について、法律評論家たちは、スカリア裁判官もその一員であった頃の合衆国最高裁判所の多数派が、企業優先の傾向を有していたことに原因があると考えている。しかし、ここで有意義なのは、アメリカ人の裁判所へのアクセスを制限するために、裁判所自身がどこまで準備をしているかを示すことである。

裁判所へのアクセスを制限しているのは、裁判所だけの責任ではない。連邦議会は、民主・共和両党の下で、裁判所へのアクセスを制限するさまざまな法律を制定してきた。極端な例として、ここまでの章でも議論した、一九九六年に超党派の支持を得て制定された「反テロリズム及び効果的死刑法（AEDPA）」を挙げることができる。この法律は、歴史的に人身保護令状によって具体化され、州受刑者が有罪判決に関する連邦司法審査を獲得することを厳しく制限している。しかし、より多くの一般市民に実際に影響を及ぼしている、あまり知られていない例としては、連邦議会が、司法の権限と責任を行政庁に委任する動きを強めていることを挙げることができる。これらの行政庁は、政府の行政機関の一部であるとはいえ、憲法による明白な裏付けもなく、通常の裁判所とは似ても似つかぬ手続を持つ独自の内部裁判所を設立する。さらに、これらの行政裁判所は、行政庁によって選ばれ、行政庁から報酬を受け、行政庁自身による審査を受ける裁判官によって運営されている。

さらに、連邦議会は、しばしば大統領の意向を受けて、これらの裁判所にますます大きな権限を与えている。例えば、二〇一〇年ドッド・フランク法（Dodd-Frank Act）は、証券取引委員会（SEC）の行政裁判所の権限を大幅に拡大し、そこには個人に対して厳しい金銭的罰則を科す権限も含まれている。その結果、SECは、重要な事件の多くを行政裁判所に持ち込むようになり、当然のことながら、その成功率は連邦裁判所での成功率を大幅に上回っている。

合衆国最高裁判所は、こうした行政裁判所に対する司法審査を大幅に制限してきた。特に、一九八四年に下された「シェブロン対天然資源保護協議会」事件の判決は、行政規則に対する司法審査の範囲を大幅に制限し、行政庁がその行政裁判所の決定を承認した場合、行政裁判官の決定に対する司法審査も同様に制限するようになった。全体的な効果としては、またしても、一般市民から通常の裁判所への有意義なアクセスを奪うことになる。

このように、アメリカ市民は、多くの民事や行政規制上の問題について、自国の裁判所へほとんどアクセスできなくなっている。その一方で、刑事事件については、民間の仲裁人はもちろん、いかなる行政裁判所も管轄外であるため、依然として裁判所への有意義なアクセスができると思うかもしれない。しかし、第1章と第2章で述べたように、刑事事件における実際の決定は、裁判所ではなく検察が下している。というのも、二〇世紀最後の数十年間、連邦議会と州立法府の両方によって、きわめて厳しく、しばしば強制的であった刑罰が科された結果として、無実の被告人であっても裁判を受けるのはリスクが高すぎるからである。その代わり、連邦刑事事件で起訴された被告人の九七パーセント以上が、検察側と司法取引交渉を行っており、州全体でもその割合はわずかに低い約九五パーセントとなっている。

ほとんどの場合、現実問題として（そして時には法的拘束力の問題としても）、司法取引の条件によって科される量刑が決定されるため、裁判官や陪審員の判断に委ねられるものは何もない。その直接的な結果が、いわゆるアメリカにおける大量収監であり、間違いなく我が国の恥を生み出しているが、その影響は、刑事事件という厳しい状況であっても、法廷への有意義なアクセスが否定されていることの、もう一つの例として見ることもできる。

裁判所へのアクセス拒否が拡大している現状に対して、何かできることはないだろうか？　国が支援する訴訟保険や困窮している民事訴訟当事者に対する助言の保証、弁護士補助による一般アメリカ人のための安価な法律サービスの提供まで、さまざまな解決策が提案されている。しかし、これらの解決策は、どれも簡単には実現しないだろう。例えば、最近ニューヨーク州最高裁判所長官を退官したジョナサン・リップマンは、憲法上保障されている刑事事件における弁護士を依頼する権利と同様に、民事事件における弁護士を依頼する権利を強く主張している。しかし、少なくともニューヨーク州では、そうした権利の保障のためには州憲法の改正が必要であり、その実現は困難であるとリップマンは言う。また、オバマケアをめぐる論争を考えれば、連邦レベルで国費による訴訟保険を提供しようとした場合の困難さは想像に難くない。より一般的に言うと、連邦議会で繰り返される膠着状態や、州議会が法律扶助団体を不当に扱ってきた歴史を鑑みれば、短期的な立法的解決策を楽観視することはできない。

このアクセス拒否に対するより広範な解決のためには、立法風土の変化を待たなければならないが、アメリカ人の裁判所へのアクセスを実質的に拒否するような装置に裁判官が承認を与え続ける理由はない。例えば、合衆国最高裁判所は、アメリカ人の裁判所への有意義なアクセスを奪っているという理由で、コンセプシオン事件やシェブロン事件のような判決を簡単に覆すか、少なくとも制限することができる。また、州・連邦を問わず、下級裁判所の裁判官は、本章で述べた裁判所へのアクセスを奪う慣行に対して、より厳しい目を向けることができるだろう。

確かに、そのためには多くの裁判官にとって、かなりの発想の転換を要するであろう。実際、多くの事件を抱えている裁判官が、強制的な仲裁、管轄権の否定、検察官や行政官への依存、あるいは同様の措置など、裁判官の負担を軽減する取り決めを好意的に見る傾向があることは驚くに値しない。しかしながら、このような救済措置は、しばしば司法の実質的な責任放棄に姿を変え、立法府や行政府の権力に対する効果的なチェック機能を果たす裁判所の長期的な能力に悲惨な結果をもたらす。さらに悪いことに、これまで述べてきたような状況は、裁判所は自分たちが正義のために頼ることができる機関ではなく、金持ちや権力者だけが利用できる、手が届かない高価な贅沢品に過ぎないという市民の思い込みを強めてしまう。もし、裁判官自身がこの陰湿な風潮に対抗する手段を講じないとすれば、一体誰が講じるのだろうか？

コーダ

CODA

本書の主たる目的は、私たちの司法制度が、目下直面している、きわめて重大な問題を読者に知ってもらうことにある。とはいえ、これらの問題の中に、解決できないものはないということは強調しておかなければならない。同時に、裁判官は、これらの問題を軽減する責任（本書を通じて私が提案した方法など）から逃れるべきではないし、これらの問題に人々の関心を向けさせる重大な責任を負っていることは間違いないが、最も抜本的な解決策は立法府からもたらされなければならない。例えば、一九七〇年代や一九八〇年代に可決された、恥ずべきほどの厳しい刑法を廃止し、それによって大量収容を減らすことができるのは立法府である。行政府の権限を、裁判所ではできないような方法で削ぐことができるのは立法府である。そして、裁判所への有意義なアクセスが可能な日常を提供できるのも立法府なのである。

しかし、もちろん有権者の後押しなしに、立法府がそのような行動をとることはない。例えば、二〇年ほど前であれば政治的には自殺行為であったであろう、強制的な量刑の下限の引下げを行ったファースト・ステップ法を議会が可決するのを政治的に好都合にさせたのは有権者である。現代の情報の流布に伴うあらゆる問題にもかかわらず、合衆国の有権者は世界で最高の教育を受けているだけでなく、新しい考えに対して最もオープンである。それゆえ、私たちの法制度は修復が必要だと結論づけたとしても、私は慎重にも、我が同胞たるアメリカ人は、この難題に立ち向かってくれるものと楽観的に考えている。

謝辞

二〇一三年末に、自らの法廷で目の当たりにしていた法制度の脆さについて声を上げる必要性をいよいよ感じていた私は、『ニューヨーク・レビュー・オブ・ブックス』誌に初めてのエッセイをいきなり投稿した。驚いたことに、そして嬉しいことに、私はすぐに『レビュー』誌の共同創設者であり長年の編集者であるボブ〔ロバート〕・シルヴァース（本書はシルヴァースに捧げられている）から連絡を受けた。ボブは、私の最初のエッセイを受け入れてくれただけでなく、その後も、『レビュー』誌にエッセイを書くことを勧めてくれた。二〇一七年のボブの死後、私は彼の長年の腹心であったマイケル・シェイ、彼の直属の後継者であったイアン・ブルマ、そして現在の編集者であるエミリー・グリーンハウスとガブリエル・ウィンスロー＝ヨストからも同様の励ましを受けた。彼らには深く感謝している。

本書の各章は、元々『レビュー』誌に掲載されたエッセイを発展させたものである。原文の編集と事実確認は、私が多大な感謝の念を抱いている『レビュー』誌の素晴らしいスタッフによって行われた。残っている誤りはすべて私一人の責任である。

また、エリック・チンスキーやデボラ・ギムを含む（しかし、二人に限られない）ファラー・ストラウス＆ジルー社の編集者と、原稿を校正してくれたジャネット・レナードによる素晴らしい提案にも助けられた。そしてどの段階においても、私の著作権エージェントであるクリス・カルフーンから計り知れないサポートを受けた。

そのほかにも、まったくもって優秀で協力的なロークラークなど、感謝すべき人はたくさんいるが、簡潔にするため、最後に一番大切な私の妻アンの名前を挙げておく。本書を執筆するために、共通の趣味のダンスに行くのを先延ばしにした夜が幾度もあった。しかし、ようやく出版されたからには、最高のステップを練習すると約束するよ！

訳者解説

本書は、二〇二一年に出版されたJed. S. Rakoff, *Why the Innocent Plead Guilty and The Guilty Go Free: And Other Paradoxes of Our Broken Legal System*, Farrar, Straus and Giroux, New York, NY の邦訳書である。

著者のレイコフ氏は、ハーヴァード大学ロースクールを卒業後、合衆国控訴裁判所のロー・クラークに始まり、ニューヨーク連邦検事局検事（最後の二年は、ビジネス・証券詐欺犯罪部門の責任者）、ニューヨークの大手法律事務所のパートナーなど華々しいキャリアを積んだ後、一九九六年に当時のビル・クリントン大統領に指名され、ニューヨーク南部地区連邦地方裁判所の判事に就任した。

レイコフ氏が一躍その名を轟かせたのが、二〇一一年に、リーマン・ショックによる大不況に至るまでの銀行の住宅ローン投資の取扱いにつき、証券取引委員会とシティグループの間で、二億八五〇〇万ドルの和解が合意に達した際に、銀行が自らの責任を認めていないこと、政府が誰の刑事責任も問うていないことを批判し、この案を却下した時であった（その後、控訴裁判所で地裁の判断は破棄され、合意が承認された）。

また、レイコフ氏は、その傍らで、三〇年以上にわたって、コロンビア大学をはじめとする複数のロースクールで教鞭に立ち、法科学に関する全米委員会委員、目撃証言に関する全米科学アカデミー共同委員長を歴任し、五冊の共著書、一八〇本以上の論文を執筆するなど、各所で異彩を放ち続けてきた。

さらに、そうした長年の経験と知見を踏まえ、アメリカの政治や司法の問題に鋭く切り込んだ論説を、有力なオピニオン誌の一つに数えられる『ニューヨーク・レビュー・オブ・ブックス』誌に、二〇一三年から寄稿してきた。本書は、そうした論説の中から、刑事司法を中心に、アメリカの司法制度のさまざまな問題に深く、鋭く切り込んだ珠玉の一三本をチョイスし、一書にまとめ直したもので、出版当初より、『ニューヨーク・タイムズ』紙や『ワシントン・ポスト』紙の書評欄で絶賛されるなど、高い評価を受けている。

本書は、人々の権利や自由を保護するため、着実に発展を遂げてきたはずのアメリカの司法制度が抱え込んでいる問題を的確に指摘し、その改善策を提示している。

その問題は、①長年にわたり、大量の実刑判決が言い渡されてきた結果、刑務所人口が膨らみ、慢性的な過剰収容状態に陥っていること、②少なくない数の無辜の人々に有罪が言い渡されてきた誤判問題が深刻さを増し続けていること、③その根底にはDNAなどの法科学（科学捜査）の進歩や目撃証言の正確性等に対する過度な信頼が横たわっていること、④死刑の適用基準が不明確で、死刑判決の確定後に冤罪が発覚するケースが存在するにもかかわらず、その救済手続を制限する流れが強まっていること、⑤司法取引や企業犯罪に対する訴追延期合意（DPA）など、陪審によらず、裁判にもよらない犯罪処理が横行していること、⑥三権の一角のはずの司法が、行政に対して遠慮し、その役割を十分に果たせていないこと、⑦弁護士費用やそれ以外の訴訟経費の高騰、強制的な仲裁制度の拡大のために、人々が裁判所を利用する機会が減少していることなど、多岐にわたっている。

日本の刑事司法は、自白を得るための取調べに偏重した捜査からの脱却を目指し、取調べの録音録画が始まる一方で、新たな証拠収集の手段として、司法取引（協議・合意制度）が導入されるなど、新しい時代を迎えている。しかし、本書で取り上げられている①DNA型鑑定などの法科学や脳科学の発展がもたらす知見への対応、②存廃の議論から、適用基準や再審手続に至るまで死刑をめぐる課題への対応、③社会的な影響が大きすぎる大企業の不祥事（犯罪）への刑事法上の対応など、捜査段階から公訴、裁判、刑の執行、さらには刑事立法に至るまで、なお多くの課題が山積している。

そうした課題について考える際、アメリカの司法制度の抱える問題点とその改善策について論じた本書は、有益な示唆を数多く包含している。もちろん、テーマによっては、アメリカと日本では、置かれた状況が異なることもある（例えば、日本の刑務所は、収容定員を大幅に下回っているし、司法取引制度は、二〇一八年に、限定的に導入されたのにとどまり、適用例も、二〇二三年一〇月末時点で、三件にとどまっている）。

しかし、そうした違いを前提としたとしても、長年の実務経験に根ざした鋭い分析力と、冷静な筆致で、アメリカの司法制度の暗部をえぐり出し、現実的な解決方法を大胆に提示する本書は比較的少ない分量でありながら、内容と形式の両面で、「アメリカの刑事司法が、我々の想像をはるかに上回るほど劣化しているという現実は、決して対岸の火事ではない」と、読者に気付かせる力を持っている。弁護士をはじめとした法律家や法学部の学生たちはもちろん、アメリカの社会や制度に関心を持つ、また、そこから日本の社会や司法制度の問題解決のヒントを探ろうとする多くの一般読者にとっても有意義なアイデアや情報を提供してくれるものと思われる。

本書は、難解になりがちな内容について、専門的な知識を持たない読者にでも理解できるように、明快な筆致で叙述されている点でも長けている。もちろん、日本人にとってなじみの薄い事柄も出てくるが、それらについては、訳者による注記を加えることで、理解を助けるように心がけたつもりである。

実は、本書の公刊までには、いろいろな困難に直面した。「もうダメか」と、諦めかけたこともあったが、中央公論新社書籍編集局学芸編集部の郡司典夫氏に根気強くサポートしていただいたおかげで、ここまでたどり着くことができた。最後に、改めて、感謝の意を表したい。

二〇二三年一〇月

訳者一同

ワ行

アルファベット

マ行

ヤ行

ラ行

タ行

ナ行

ハ行

サ行

索 引

＊ノンブル末の「n」は傍注内に項目があることを示している。

ア行

カ行

訳者一覧

川崎友巳（かわさき・ともみ）
同志社大学法学部教授。1969年生まれ。同志社大学大学院法学研究科から同大学法学部助手、専任講師、准教授を経て現職。刑事法専攻。著書に、『企業の刑事責任』（成文堂、2004）、『犯罪タイポロジー』（成文堂、第2版、2014）、論文に、“Review of Comparative Studies on White-Collar and Corporate Crime” Merissa L. Rorie ed., The Handbook of White-Collar Crime (Wiley Blackwell, 2019) など。

佐藤由梨（さとう・ゆり）
同志社大学法学部准教授。1990年生まれ。同志社大学大学院法学研究科から同大学法学部助教を経て現職。刑事法専攻。論文に、「少年法における刑事処分相当性・保護処分相当性についての一考察：アメリカ少年司法との比較から」同志社法学71巻6号（2020）、「アメリカ刑事手続における二重の危険の原則の『危険』の意義」同志社法学74巻1号（2022）など。

堀田周吾（ほった・しゅうご）
東京都立大学法学部／法科大学院教授。1978年生まれ。東京都立大学大学院から同大学助手、駿河台大学准教授などを経て現職。刑事訴訟法専攻。著書に、『被疑者取調べと自白』（弘文堂、2020）（単著）、『法学学習Q＆A』（有斐閣、2019）（共著）、論文に、「刑事裁判における公開主義について―被害者保護の観点から」法学会雑誌62巻1号（2021）など。

宮木康博（みやき・やすひろ）
名古屋大学法学部教授。1974年生まれ。同志社大学大学院法学研究科から東洋大学法学部専任講師、准教授、名古屋大学法学部准教授を経て現職。刑事法専攻。共著書に、『NBS刑事訴訟法』（日本評論社、2022）、『刑事訴訟法判例集』（有斐閣、2023）、共訳書に、An Introduction to Japanese Criminal Procedure Law（Yuhikaku, 2022）、論文に、「ドイツにおけるおとり捜査をめぐる新たな動向」山口厚ほか編『寺崎嘉博先生古稀祝賀論文集［上巻］』（成文堂、2021）など。

安井哲章（やすい・てっしょう）
中央大学法学部教授。1977年生まれ。中央大学大学院法学研究科から桃山学院大学法学部専任講師、中央大学法学部准教授を経て現職。共著書に、『プロセス講義刑事訴訟法』（信山社、2016）、論文に、「合衆国憲法第五修正の自己負罪拒否特権の誕生」（法学新報127巻9・10号）など。

なぜ、無実《むじつ》の人《ひと》が罪《つみ》を認《みと》め、
犯罪者《はんざいしゃ》が罰《ばつ》を免《まぬが》れるのか
——壊《こわ》れたアメリカの法制度《ほうせいど》

2024年2月25日　初版発行

著　者　ジェド・S・レイコフ

訳　者　川《かわ》崎《さき》友《とも》巳《み》他

発行者　安部順一

発行所　中央公論新社

〒100-8152　東京都千代田区大手町1-7-1
電話　販売 03-5299-1730　編集 03-5299-1740
URL https://www.chuko.co.jp/

装　丁
DTP　濱崎実幸

印　刷　図書印刷
製　本　大口製本印刷

Published by CHUOKORON-SHINSHA, INC.
Printed in Japan　ISBN978-4-12-005739-7 C1032
定価はカバーに表示してあります。
落丁本・乱丁本はお手数ですが小社販売部宛にお送り下さい。
送料小社負担にてお取り替えいたします。